살아 있는 화석

이집트 아기 예수 발자취

살아 있는 화석

이집트 아기 예수 발자취

초판 1쇄 발행 2026년 1월 23일

지은이 정영인
펴낸이 이기봉
편집 좋은땅 편집팀
펴낸곳 도서출판 좋은땅
주소 서울특별시 마포구 양화로12길 26 지월드빌딩 (서교동 395-7)
전화 02)374-8616~7
팩스 02)374-8614
이메일 gworldbook@naver.com
홈페이지 www.g-world.co.kr

ISBN 979-11-388-5314-9 (03230)

살아 있는 화석

이집트 아기 예수 발자취

정영인 지음

좋은땅

목차

Ⅱ. 광역 카이로 103

Ⅲ. 상 이집트 165

콥틱 교황 타와드로스 2세의 이미지 사용 허가 증서

- 콥트 교회와 수도원 이미지 사용 허가 증서(역자 주) -

كنيسة مارمرقس
성 마가 교회
القبطية الأرثوذكسية
콥트 정교회
بمصر الجديدة
뉴 카이로

لا مانع لدينا
وبالبركة
تواضروس II
٢٠٢٥/١١/٢٢

우리는 (사진의 사용에) 아무런 이견이 없으며,
하나님께서 이를 축복하시기를 바랍니다.
타와드로스 2세
2025. 11. 22

١٩ نوفمبر ٢٠٢٥
2025. 11. 19

قداسة البابا تواضروس الثاني ...
교황 타와드로스 2세 성하

بعد تقبيل أياديكم وطلب وافر بركتكم وصلواتكم ،،،
당신의 손에 입맞춤하고 당신의 풍성한 축복과 기도를 구한 다음에

الموضوع: طلب الإذن للموافقة على نشر صور للكنيسة القبطية في كتاب باللغة الكورية عن رحلة العائلة المقدسة.
제목: 성가족 여정의 한국어 도서에 콥트 교회의 사진 게재 허가 요청

성가족의 이집트 피난 여정은 많은 나라에서 가장 중요한 복음 전파 주제 중 하나이며, 그 나라 중 하나가 바로 한국입니다. 하나님의 은혜로, 우리는 한국의 일부 거룩한 가족과 좋은 관계를 맺었으며, 이집트에서도 한국인 교사들이 진행하는 한국어 강좌도 운영하고 있습니다. 이를 바탕으로 우리는 성지 순례를 위해 (이집트를) 방문하는 단체들을 여러 차례 맞이했습니다.

الجنوبية، وبنعمة ربنا تمت بعض العلاقات الجيدة مع البعض منهم هناك، وكذلك عمل كورسات لغة كورية أساتذتها من الكوريين في مصر، ومنها استضفنا بعض الرحلات من كوريا الجنوبية لزيارة هذه الأماكن المقدسة.

저는(역자 주: 다우드 라메이 대신부님) 정영인 교수님과 8년 넘게 개인적으로 교류하면서 그분이 콥트 정교회에 깊은 애정을 품고 계시다는 것을 알게 되었습니다. 그 사랑이 그분으로 하여금 이집트 특히 성가족의 여정을 답사하고 마침내 한국어로 이 여정에 관한 특별한 책을 쓰게 했습니다. 이는 한국에서 복음 전파를 지원하기 위한 모국어 차원의 중요한 발걸음이라 할 수 있습니다.

따라서 귀하의(역자 주: 타와드로스 2세 교황 성하) 승인과 축복 그리고 허락을 받아 정영인 교수님께서 이집트 콥트 정교회 수도원과 교회에서 촬영하신 사진들을 그의 저서에 게재하여 그곳에(역자 주: 한국) 복음 전파의 씨앗이 될 수 있도록 허락해 주시기를 요청드립니다.

التالى لينك يشمل (الكتاب باللغة الكورية ، وكذلك بيان لكل الصور المطلوب الإذن بها وأماكن تصويرها وأيضاً رقم الصفحة بالكتاب) .
아래 링크에는 한국어로 된 책과 함께,.사용 허가를 요청하는 모든 사진 목록, 촬영 장소, 책의 페이지 번호가 포함되어 있습니다.

https://drive.google.com/drive/folders/1YlXrsG6emlM7DOOPxinSR05e_
(역자 주: 부분 삭제)

مرفق: - صورة خطاب Mr. Young-in Chung لضعفى بخصوص طلب الإذن لإستخدام الصور بالكتاب.
- ملخص للكتاب والسيرة الذاتية للكاتب.

첨부: 정영인 씨가 저에게(역자 주: 다우드 라메이 대신부님) 보낸,
책에 실린 사진의 사용 허가 요청과 관련된 서신의 사본
- 책의 요약 및 저자 약력

نشكر قداستكم على تشجيعكم المستمر للكرازة ،،
복음 전파에 대한 교황님의 변함없는 격려에 감사드립니다.
하나님께서 당신이 아버지로서의 역할과 사제직을 오랫동안 보존하고 평화로운 시대를 길이 누리게 하시기를 빕니다.
الرب يديم علينا أبوتكم ورئاسة كهنوتكم سنين عديدة وأزمنة سالمة مديدة

ابنك / داود لمعي
당신의 아들/ 다우드 라메이

داود لمعي

역자: 정영인

٢٥ شارع كليوباترا صلاح الدين - مصر الجديدة
تليفونات الكنيسة : ٢٤١٨٨٣٤٤ - ٢٤١٥٥٨٠٤ الإدارة ت/ ف : ٢٤١٩٦٢٠٧
www.stmarkoschurch.om
www.stmarkos.org

كنيسة مارمرقس
القبطية الأرثوذكسية
بمصر الجديدة

+ لا مانع لدينا وبالبركة
تواضروس II
٢٠٢٥/١١/٢٢

١٩ نوفمبر ٢٠٢٥

قداسة البابا تواضروس الثاني ...

بعد تقبيل أياديكم وطلب وافر بركتكم وصلواتكم ،،،

الموضوع: طلب الإذن للموافقة على نشر صور للكنيسة القبطية في كتاب باللغة الكورية عن رحلة العائلة المقدسة.

رحلة العائلة المقدسة إلى مصر من أهم مداخل الكرازة في كثير من دول الكرازة، وأحد هذه الدول هي دولة كوريا الجنوبية، وبنعمة ربنا تمت بعض العلاقات الجيدة مع البعض منهم هناك، وكذلك عمل كورسات لغة كورية أساتذتها من الكوريين في مصر، ومنها استضفنا بعض الرحلات من كوريا الجنوبية لزيارة هذه الأماكن المقدسة.

ومن معرفتي الشخصية على مدار ٨ سنوات بـ Professor: Young-in Chung كورى الجنسية ، وادركنا حبه للكنيسة القبطية الأرثوذكسية، مما أثار اهتمامه لزيارة مصر وبالتحديد مسار العائلة المقدسة، وكتابة كتاب خاص للمسار باللغة الكورية، وهى خطوة هامة بلغتهم الأصلية لتعضيد الكرازة في كوريا الجنوبية.

لذلك بعد موافقة وبركة والحل من قداستكم، نطلب الإذن لـ Professor: Young-in Chung لإستخدام الصور التي تم تصويرها بالأديرة والكنائس القبطية الأرثوذكسية بمصر لنشرها في كتابه ليصبح بذرة كرازة هناك.

التالى لينك يشمل (الكتاب باللغة الكورية ، وكذلك بيان لكل الصور المطلوب الإذن بها وأماكن تصويرها وأيضاً رقم الصفحة بالكتاب) .

https://drive.google.com/drive/folders/1YlXrsG6emlM7DOOPxinSR05e_

مرفق: - صورة خطاب Mr. Young-in Chung لضعفى بخصوص طلب الإذن لإستخدام الصور بالكتاب.

- ملخص للكتاب والسيرة الذاتية للكاتب.

نشكر قداستكم على تشجيعكم المستمر للكرازة ،،

الرب يديم علينا أبوتكم ورئاسة كهنوتكم سنين عديدة وأزمنة سالمة مديدة

ابنك / داود لمعي

داود لمعي

٢٥ شارع كليوباترا صلاح الدين - مصر الجديدة
تليفونات الكنيسة : ٢٤١٨٨٣٤٤ - ٢٤١٥٥٨٠٤ الإدارة ت/ ف : ٢٤١٩٦٢٠٧
www.stmarkoschurch.om
www.stmarkos.org
www.sos.osl.org

쿱틱 교황 타와드로스 2세의 이미지 사용 허가 증서

추천사

이집트 러버(Egypt lover)의 맛깔나는 이야기에 빠지다

나는 김치 러버(lover)다. 많은 선교지를 다니면서도 김치가 없으면 힘들어하는 나를 보면서 아내는 앞뒤가 안 맞는 사람이라고 말한다. 내가 김치 러버이듯 저자 정영인 교수님은 이집트 러버다. 대학 교수직을 내려놓고 이집트로 가, 파송 받은 선교사도 아니면서 중동 유일의 한국어학과 대학원에서 선교사처럼 사역하고, 강도를 만나 죽을 고비를 넘겼으면서도 트라우마를 극복하고 또다시 이집트를 향한 열정의 러버로서 삶을 살아가고 있기 때문이다.

어느 날 저자와 함께 국내 유일의 콥트 정교회를 담당하고 있는 신부를 만났고, 그렇게 연결이 되어 콥트 정교회의 안내를 받아 아기 예수의 피난처를 둘러보는 기회를 얻었다. 가기 전에도, 가서도 촉각을 곤두세워 주목해 보았던 것들이 있었다. 정교회, 신부, 일련의 신앙 행위가 가톨릭과 유사해 보이는데, 정말 그런지 그렇지 않은지를 감별(?)하는 일이었다. 결론은 행위 자체는 비슷해 보이지만 내면은 크리스천이었다.

이 책은 콥트 교의 전승과 그들의 신앙적 전통으로 오래 간직되어 온 아기 예수 피난처를 소개하고, 이야기 속에 숨어 웅크리고 있는 진주처럼 은혜가 반짝이는 책이다. 일반적으로 성지순례라고 하면 터키와 이집트, 요르단과 이스라엘의 코스를 따라간다. 정작 이집트에서는 피라미드와

스핑크스, 그리고 마라와 시내산을 들러 광야로 가는 일정이 전부였다. 그러나 이 책을 읽고 있노라면 아기 예수 피난길을 성지순례 코스로 잡아도 전혀 손색이 없겠다는 생각이 들 정도로 많은 것을 묵상하게 하는 이야기를 담아냈다.

저자는 책을 통해, 이집트 콥트 정교회가 아기 예수 피난 경로에서 이 여정을 기념하는 교회와 수도원, 그리고 동굴과 기적의 나무 등을 "성가족 피난 경로(Holy Family Route)"라 하여 성지처럼 체계적으로 보존하고 관리하는데, 곳곳의 역사와 전통, 그리고 전해 오는 이야기를 전문가보다 더 다양하고 전문적인 역사 지식으로 풀어 나간다. 그리고 저자는 아기 예수 피난처 기념 교회와 발자취뿐 아니라 수도원에 있는 게스트 하우스 예약 방법, 박물관 입장료를 저렴하게 구입하여 사용할 수 있는 방법까지 친절하게 소개하기도 한다.

이 책을 통해 아직 많은 사람에게 알려지지 않은 아기 예수 피난길 페이지를 넘기며 함께 걷다가, 불현듯 책 밖으로 나와 생생한 현장의 발자국에 내 발을 얹어 걸으며 주님과 동행하는 멋진 체험이 있기를 소망하며 기쁘고 설레는 마음으로 추천한다.

더월드미션선교회 대표

정용비 목사

추천사

정영인 교수가 아니었으면 저는 아기 예수의 이집트 피난 시절이 있었다는 사실을 전혀 알지 못했을 것입니다. '이집트'라고 하면 이전의 '애급'(또는 '애굽')을 연상하고 '애굽'이라고 하면 구약성경의 '출애굽기'를 떠올려서 예수님과는 직접적으로 관련이 없는 나라라고 생각하고 있었습니다. 이집트의 기독교 교회를 알게 된 것도 정영인 교수의 안내로 동굴 교회를 비롯하여 카이로의 몇몇 교회를 방문한 이후였습니다.

2019년 11월에 카이로에서 카이로 아인샴스 국립대학 한국어학과 주최로 열린 '중동 아프리카 한국학 세미나'의 기조 강연자로 참석했을 때, 그 짧은 여정 속에 정영인 교수 부부의 안내를 받아 이집트의 몇몇 교회를 둘러보게 되는 행운을 얻었습니다.

이슬람교가 국교라고 알고 있어서 이집트에 기독교 교회가 있을 것이란 상상을 전혀 하지 못했던 터라 저는 그곳을 둘러 보고 제가 알고 있었던 기독교에 대한 짤막한 지식이 얼마나 헛된 것이었던가를 알고 큰 충격을 받았습니다.

2000년에 1주일 동안 이집트를 방문한 적이 있었던 저로서는 이집트의 고대문명을 다른 사람들보다는 잘 알 것이라고 자부하고 있었습니다. 이집트의 고대 문명지를 두루 다녀왔고, 또 1905년에 장지연(張志淵)이 역술(譯述)해서 황성신문사에서 간행한 『애급근세사(埃及近世史)』를 읽어 본 터라, 이집트에 대해서는 그래도 알 만큼 알 것이라는 제 자만심은 일거에 사라지고 말았습니다. '애급근세사'의 어디에도 기독교에 대한 언급은 없었습니다. 이집트의 종교에 대한 언급에도 기독교에 대한 언급은 애급의 서교인(西敎人)이라고 하여 교인이 약 60만 명, 즉 이집트 전인구의 10분지 1을 점한다고 되어 있어서 이상하게 생각하기는 했지만, 서교인이 기독교인인 줄은 상상도 못 했습니다.

정 교수 부부와 함께 동굴 교회를 가기 위해 정 교수의 설명을 들으면서 쓰레기 마을을 지나며 기독교가 박대받던 로마 시대를 연상하였고, 동굴 교회에 들어가 보면서 그곳이 마치 광야에서 예수님이 말씀하시던 모습을 연상하고 매우 숙연하였던 기억이 지금도 생생합니다.

이 이후 정영인 교수가 기획하고 안내하고 설명한 CBS TV의 '이집트로 간 예수'를 시청하면서 제가 전혀 알지 못했던 아기 예수 이집트 피난 여정을 접할 수 있었습니다. 성경에 예수님의 유년기에 대한 기록이 없어서 궁금하긴 했지만 그럴 수도 있다는 생각만 해 왔습니다. 그래서 마태복음 2장 14절의 '요셉이 일어나서 밤에 아기와 그의 모친을 데리고 애굽으로 떠나가 헤롯이 죽기까지 거기 있었으니'란 말씀을 귓등으로 흘려 보냈습니다. 성경책을 읽으면서 '왜?'라는 토를 달 때마다 대부분이 해결하지 못하여서, 그러려니 하고 넘어가곤 했기 때문입니다.

그런데 마태복음 2장 14절의 한 구절 속에 숨겨져 있는 역사적 사실을 하나하나 샅샅이 찾아 소개한 책이 바로 정영인 교수가 펴낸 '이집트 아기 예수 발자취'입니다.

이 책은 아기 예수가 헤롯왕을 피해 이집트로 피난해서 다시 이집트를 벗어나기까지의 과정을 현지답사를 통해 실증적으로 증명한 책입니다. 그래서 '입애굽'에서 '출애굽'까지의 과정을 역사적 흔적을 찾아 약 21군데의 교회를 답사하여 그 경로를 추적하였습니다. 시나이 반도를 지나 이집트 동북단 도시인 펠루시움을 시작으로 중부지역 아슈트의 드론카 수도원까지 왕복 2,000여 km를 이동하는 경로를 추적하여 직접 사진을 찍어가면서 그 흔적을 찾아 기록하였습니다.

이 책을 읽으면서 저는 앉아서 성지순례를 하고 있다는 생각을 했습니다. 정 교수가 직접 찍은 사진도 충분히 들어 있고 또 설명도 간략하지만 압축되어 있어서 마치 성지순례의 안내자가 성지순례자들에게 친절히 설명해 주는 것 같았습니다. 그래서 이 책을 읽는 독자들은 마치 앉아서 성지순례를 하고 있다고 생각하실 것입니다, 그것도 지금까지 전혀 알려져 있지 않던 아기 예수의 이집트 피난 시절의 성지를 순례하는 느낌을 받을 것입니다.

이렇게 이집트에서의 아기 예수의 흔적을 찾아 쓴 책은 아마도 우리나라는 물론이고 다른 나라에서도 찾아보기 힘들 것입니다. 단편적으로 존재하는 역사적 사실들을 '아기 예수의 이집트 여정'이라는 점에 초점을 맞추어 시간적으로 그리고 공간적으로 눈으로 직접 보듯이 쓴 이 책의 원고를 읽어 보면서, 예수님의 모든 행적을 이러한 방식으로 그려내면 얼마나 좋을까 하고 생각했습니다. 저는 성서 이야기를 영화화한 CD 약 50장을 구입하여 감상해 본 적이 있지만, 정 교수의 이 책처럼 한눈으로 들어 오지는 않았습니다. 성화는 어디까지나 지나간 역사적 사건이지만, 정 교수의 이 책은 현재 살아 있는 내용이며 실제의 모습이기 때문입니다. 제가 정 교수의 이 책을 추천하는 이유는 이 책이 성화보다도 더 실질적으로 우리에게 다가오는 현실감이 있어서입니다.

독자 여러분들은 이 책의 추천사를 쓴 제가 기독교에 대한 깊은 조예를 갖춘 사람으로 생각하실지 모르겠지만, 실은 저는 평범한 기독교의 늘 초신자와 같은 평신도일 뿐입니다. 그럼에도 불구하고 이 책의 추천사를 쓰게 된 동기는 정영인 교수의 요청에 기인하겠지만 그보다도 더 정영인 교수와 저의 관계 때문입니다.

정영인 교수는 제가 1970년대에 전북대학교 교수로 재직할 때에 저에게 배운 제자입니다. 대학 시절부터 신심이 돈독해서 제가 늘 눈여겨보던 학생이었습니다. 그래서 역시 신실한 기독교인이었던 정영진 양(이름 때문에 처음에는 남매인 줄 알았습니다)과 혼인하게 되었고, 우석대학교 교수로 재직할 때에도 계속해서 저와 소통하며 지내왔습니다. 정 교수가 퇴직한 후에 이집트의 아인샴스 국립대학 교수로 7년간 재직하였습니다. 그곳 이집트에서 이집트인들과 이집트에 살고 있는 교민들과 함께 한국어 교육과 기독교와 연관된 각종 모임을 만들어 한국어 보급과 발전, 그리고 기독교 보급에 크게 이바지하였습니다. 그 과정에 강도를 만나 큰 상처를 입고 오랫동안 치료를 했던 일도 있었습니다. 그러면서도 이집트를 떠나지 않고 계속 머물렀던 이유는 바로 아기 예수의 이집트 피난 시절에 관한 관심이었던 것 같습니다.

그래서 콥트어로 된 성경을 해독하기 위해 하야트 여사에게 콥트어를 배웠습니다. 저에게도 이 콥트어와 하야트 여사에 관한 이야기를 곧잘 하곤 하여서 열정이 대단하다고만 생각했습니다. 그 결과가 이렇게 책으로 엮여 출판된 것이라는 생각은 미처 하지 못했습니다.

정영인 교수는 아마도 이집트의 교회에 대한 더 많은 애착과 관심을 가지고 조사와 연구를 더 깊이 있게 진행할 것이라고 믿고 있습니다. 이제 그 첫 책이 나왔으니 그 연구와 조사 결과가 계속해서 책으로 나올 것이라고 믿습니다.

앞으로 이 책이 영어나 이집트어와 같은 다른 외국어로 번역되어 출간된다면 더없는 축복이 될 것으로 생각합니다.

2025년 6월 27일

(전) 연세대 교수 홍윤표

추천사

『이집트 아기 예수 발자취』를 소개하며

정영인 교수님의 『이집트 아기 예수 발자취』는 이집트를 통과하신 성가족의 여정을 진심 어린 시선으로 그려낸 특별하고 시의적절한 저서로, 큰 기쁨과 감사를 담아 소개합니다. 이 책은 이집트 기독교 전통의 핵심이라 할 수 있는 거룩한 여정의 이야기를 한국어로, 그리고 한국인의 의식 속에 소개하는 데 중요한 역할을 하고 있습니다.

전 세계적인 종교의 흐름 속에서도 어떤 이야기는 특정 지역의 유산으로 남아, 그 지역에서는 널리 알려져 있지만 다른 지역에서는 여전히 낯설 수 있습니다. 성가족의 이집트 피난 여정은 그 대표적인 예입니다. 수 세기 동안 콥트교도들에게는 경외의 대상이자 영적인 뿌리로 여겨졌지만, 그 지역 바깥에서는 잘 알려지지 않았습니다. 『이집트 아기 예수 발자취』는 그 간극을 메우는 다리가 되어 줍니다.

이 책의 의미는 정 교수님의 개인적인 탐방과 체험에서 비롯된다는 점에서 더욱 깊습니다. 그는 사막의 수도원에서부터 소박한 시골 성소에 이르기까지, 전통적인 성지를 직접 방문하면서 단지 역사적 배경뿐만 아니라 오늘날에도 그 장소들을 살아 숨 쉬게 하는 믿음의 생생한 현장을 포착해 냅니다. 또한 콥트 정교회의 전례, 관습, 그리고 현재의 현실 속에서 성가족의 여정이 얼마나 깊이 삶과 영성에 녹아 있는지를 고찰합니다.

이 책이 한국어로 집필되었다는 사실은 더욱 뜻깊습니다. 이 신성한 전통을 이토록 구체적이고 인간적인 방식으로 소개하는 한국어 저서는 극히 드뭅니다. 『이집트 아기 예수 발자취』는 단순한 소개를 넘어, 독자들이 아름답고 오래된 그리스도교 전통을 새롭게 발견하도록 문을 열고, 앞으로 더 많은 한국인 학자, 작가, 순례자들이 이 주제에 관심을 갖고 연구하며 교류할 수 있는 길을 제시합니다.

이 책이 영적인 여정이자 문화적 다리로서, 시대와 대륙을 넘어 우리를 하나로 잇는 그리스도교 공동의 이야기를 더욱 풍요롭게 해 주는 계기가 되기를 바랍니다.

셰리프 모건(Sherif Morgan)
카이로 대학교 공과대학 건축학부 조교수
콥트학 연구소 건축학과장

It is with great joy and appreciation that I introduce Holy Footsteps, a unique and timely contribution by Professor Chung Young-in. This book stands out not only for its heartfelt portrayal of the Holy Family's journey through Egypt, but also for the important role it plays in bringing this sacred narrative —so central to Egyptian Christian tradition—into the Korean language and consciousness.

In a global religious landscape, certain stories remain rooted in local heritage, known deeply in one part of the world and unfamiliar in others. The journey of the Holy Family in Egypt is one such story— venerated for centuries by Coptic Christians and embedded in the very landscape of Egypt, yet still little known beyond its regional context. Holy Footsteps helps bridge that gap.

Prof. Chung's contribution is all the more meaningful because it is grounded in personal exploration. Through his visits to the traditional sites—from desert monasteries to humble village shrines—he captures not only the historical backdrop, but also the living faith that animates these places today. He reflects on the customs, liturgies, and even current events that reveal how deeply the Holy Family's journey is woven into the daily life and spirituality of the Coptic Orthodox Church.

That this work is written in Korean makes it especially significant. It is among the very few books available in the Korean language that introduce this sacred tradition in such a tangible and human way. As such, Holy Footsteps opens a door—not only for readers to discover a beautiful and enduring Christian heritage, but also for future Korean scholars, writers, and pilgrims to explore, study, and engage with this topic more deeply.

May this book serve as both a spiritual journey and a cultural bridge, inspiring deeper understanding between peoples and enriching the shared Christian story that connects us across time and continents.

Sherif Morgan

S. Morgan 23.06.2025

Assistant Professor, Cairo University faculty of engineering architectural department.
Head of architectural department in the Institute of Coptic studies.

글을 시작하며

상공에서 내려다본 카이로는 도시 어디 할 것 없이 누런 색이었다. 땅 색깔도 그렇지만 건물도 모랫빛 무채색이었다. 2015년 9월 첫 금요일에 난생처음 카이로 공항에 발을 디뎠다. 이집트에 대한 막연한 통념이 깨지는 데는 얼마 걸리지 않았다. 이집트에서 했던 첫 선택은 예배를 드리러 한인교회에 가는 것이었다. 여기선 금요일이 한국의 일요일이라는 것을 이집트에 도착해서야 알게 되었다. 머리보다 몸으로 경험하면서 그렇게 7년간의 이집트 생활은 시작되었다.

하야트 여사. 지금도 가슴이 아려 오는 이름이다. 만 7년의 이집트 생활 중에서 가장 기억에 남는 이분은 2019년 1월에 헬리오폴리스의 한 교회에서 필로파티르 신부님의 소개로 처음 만났다. 이집트 콥트어는 언어학 책 속의 단어였었는데 그분이 그 언어를 가르쳐 줄 수 있다고 했다. 그분은 '하야트'라는 이름이 고대 이집트의 파라오가 손에 쥐고 있는 소품 '앙크', 즉 영생을 뜻한다고 자신을 소개했다. 매주 토요일마다 있었던 강의에 열정을 다하셨던 하야트 여사는 2020년 5월 홀연히 영생의 나라로 가셨다. 코로나19를 피해서 한국으로 온 것을 못내 아쉬워했던 하야트 여사는 우리가 한국에 도착한 후에도 문자로 콥트어 숙제들을 연이어 보내 주셨다. 그리고 그 문자가 끊긴 지 얼마지 않아 그분의 영정과 배웅하는 사제님 그리고 운구 차량 모습을 사진으로 받아 보게 되었다. 그분도 코로나19를 비켜 가지 못하셨던 것이다. 친아들이 있었다 해도 필자보다 더 사랑하지 못했을 것 같은 애정을 그분은 온몸으로 표현하셨었다. 그분의 눈에서 꿀이 뚝뚝 떨어진다고 옆에서 이야기할 정도로…

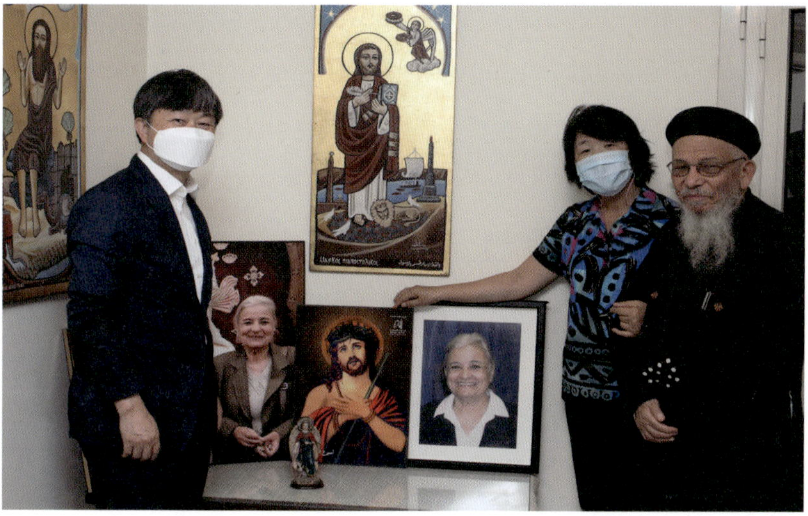

이집트 귀국 직후(2020. 10.) 하야트 여사 댁 방문
(맨 오른쪽은 루이스 사제님)

아기 예수님의 이집트 피난 여정을 처음 접한 것도 바로 하야트 여사를 통해서였다. 그분은 콥트어 강의보다 콥트 정교회, 특히 그 순교자 정신을 소개하는 데 더 진심이셨다. 올드 카이로, 와디 엘 나트룬 등의 수도원과 교회들을 직접 소개하셨고 콥트 교인들만 참여하는 '아기 예수 이집트 피난 여정'에 초대하셨다. 또 그분이 안내한 수도원의 박물관과 고도서실 등은 그분 사후 몇 차례 더 그곳들을 방문했을 때에야 특별한 배려였었다는 것을 알게 되었다. 각별한 대접을 받았다는 사실에 감사 인사를 하고 싶었지만 때가 너무 늦었다. 이렇게 아기 예수 이집트 피난 여정을 한국에 소개하는 것으로 감사 인사를 놓친 그 사죄의 마음을 전하고 싶다.

아기 예수님의 이집트 피난 여정 이야기를 전하는 콥트 기독교를 우리는 마치 특정 시기(예를 들어 주후 400년경부터 641년까지)에 특정 지역(이집트)에서 특정 언어(콥트어)를 배경으로 하는, 이상한 기독교라는 선입견을 먼저 떠올린다. 하지만 이는 명백한 오해이다. 이는 마치 한국의 기독교를 '언문 기독교'라고 하는 격이기 때문이다. '콥트'는 이집트라는 말의 아랍어 버전일 뿐이고 이집트란 말도 콥트란 말과 더불어 '아이깁토스'란 그리스 단어에서 파생된 유럽 버전 호칭일 뿐 그 이상도 이하도 아니다. 따라서 콥트 기독교는 이집트라는 지역에 주후 40여 년경부터 전파된 기독교라고 정의하는 것이 옳다.

정경 중에서, 아기 예수님이 이집트로 피난을 갔다는 이야기는 마태복음 2장이 유일하다. 입애굽을 위한 이스라엘에서의 출발 시기는 누가복음(개역한글) 2장에 '1. 이때에 가이사 아구스도가 영을 내려 천하로 다 호적하라 하였으니 2. 이 호적은 구레뇨가 수리아 총독이 되었을 때에 첫번 한 것이라'에서 추정한다. 이집트로의 출발 장소는 마태복음 2:14 '요셉이 일어나서 밤에 아기와 그의 모친을 데리고 애굽으로 떠나가'에서 보는 것처럼 특정되어 있지는 않지만 일반적으로 베들레헴에서 출발한 것으로 본다.

그동안 우리 특히 한국의 개신교인들은 아기 예수님의 이집트 피난 이야기를 이집트 기독교인들에게 물어보지 않았다. 질문하지 않았으니 그 피난 이야기를 우리가 알 수는 없는 노릇이었다. 이제라도 우리는 이집트 기독교인들이 간직한, 아기 예수님의 이집트 피난 여정에 대해서 그들에게 물어야 한다. 그리고 그들이 간직해 온 이야기들에 귀를 기울여야 한다.

우리 이야기의 근거는 정경을 시작으로 마태 위경(Pseudo Matthew), 테오필루스의 비전(The Vision of Theophilus), 역사가들(니끼우 유대인 요한의 연대기, 요세푸스 유대전쟁사, 아부 알 마카림 등)과 여행가들(9세기 에피파니우스, 12세기 이븐 무하마드 엘발라위, 압둘 라티프 알바그다디, 17세기 샤를, 19세기 유대인 자콥 사피르 Jacob Saphir 등)의 기록 그리고 콥트 기독교의 전승 등에 있음을 밝힌다. 애굽으로 향하는 아기 예수님 가족을 그린 그림 다수에서 백발 노인으로 묘사된 요셉의 모습이 콥트 기독교의 전승에 그 근거를 두고 있다는 것은 사실 잘 알려져 있지 않다.

우리는 예수님의 공생애가 3년이라고 알고 있다. 그런데 아기 예수님의 이집트 피난 여정은 그보다 더 긴 4년여라고 이집트 기독교는 전한다. 그래서 아기 예수님이 방문한, 그 축복을 받은 유일한 나라가 이집트였다고 그들은 지금도 전하고 있다.

필자는 더월드미션선교회 대표이신 정용비 목사님의 후원을 받은 CBS TV 제작국의 촬영팀에게 2023년 8월 중순 10여 일간 아기 예수 이집트 피난 여정을 기획해 주고 피난 여정지들을 안내하였으며 프롬프터로 그 현장들을 소개한 바 있다. 그 첫 촬영지였던 와디 엘 나트룬의 비쇼이 수도원에서 만났던 호주 여행객 그랜트 워그렌 씨의 언급은 이집트 기독교의 위상을 잘 대언해 준 것으로, 잊을 수가 없다. "사람들이 그냥 보러만 오는 관광지가 아니라 실제 살아 있는 교회라는 것이 느껴집니다. 사용되지 않는 교회가 아니라 사람들이 정말로 하나님을 섬기고 믿음을 실행하는 살아있는 수도원이어서 더 감동적이고 귀중하다고 생각합니다."(2023. 10.

24. CBS TV. 아기 예수 피난 여정, 이집트를 가다 1편 26:31~)

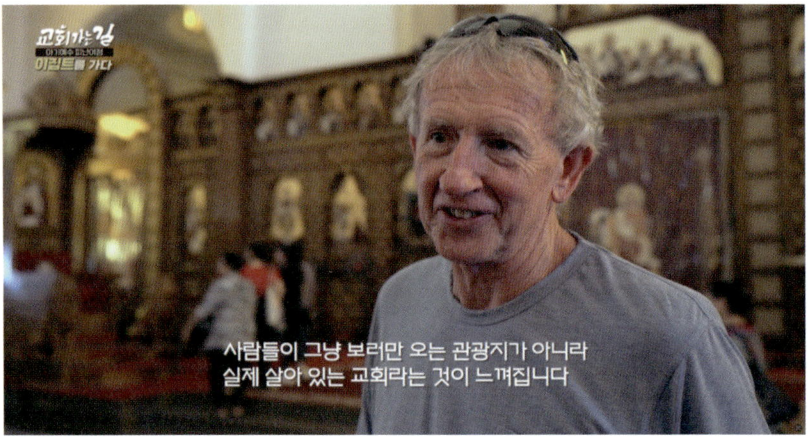

그랜트 워그렌(호주) 씨의 CBS 인터뷰(2023. 10. 24. 방송)

그렇다. 이집트의 기독교 유적지는 다른 나라의 성지들처럼 유적만 덩그렇게 남아 있는 장소들이 아니다. 아기 예수님의 이집트 방문 이야기를 포함해서 이천여 년의 기독교 역사를 전해 주는 믿음의 형제와 자매들이 지금도 살고 있고 하나님께 예배하고 있는 그런 장소인 것이다.

심지어 이집트 개정 헌법에도 아기 예수님과 모세에 대한 언급이 있어 이채롭다.[1)]

'이집트는 신앙의 요람이고 계시 종교의 영광의 깃발이다. 그 땅에서 알

1) 이러한 소중한 정보를 제공해 주신 주이집트 한국대사관 최병선 공사님께 감사드린다.

라의 말씀을 받은 **예언자 모세**가 성장하였고 시내산에서는 알라의 계시가 그의 마음에 비추었고, 신성한 전언이 내려왔다. 이집트인들의 땅은 **동정녀 마리아와 그녀의 아기**를 품에 안고 있었으며, 예수 교회를 지키기 위해 **수천 명의 순교자**가 희생되었다.'(출처: https://sschr.gov.eg/en/the-egyptian-constitution/)

필자가 기획, 안내하고 카메라 앞에서 설명했던 CBS 취재 결과는 2023년 10월 'CBS 교회 가는 길'(프롬프터 정영인 교수)과 2024년 3월 CBS 창사 70주년 특별기획 '이집트로 간 예수'로 제작, 방영되었다. 이 70주년 특별기획 영상은 2024년 12월 제16회 한국기독언론대상 해외선교 부문 최우수상 그리고 2025년 5월에는 제58회 휴스턴국제영화제 단편 다큐멘터리 부문 백금상(Platinum)을 수상하여 그 의미를 더하였다. 이러한 성과는 더월드미션선교회(대표 정용비 목사님)와 이집트 마르티리아재단(다우드 라메이 대신부님)의 후원이 마중물이 되어 준 덕분에 가능했다. 이 자리를 빌어 감사의 인사를 드린다.

이제 이런 이야기를 뒤로하고 필자가 경험한 내용을 중심으로 아기 예수님의 이집트 피난 여행 경로와 그 이야기들을 필자가 직접 찍은 사진들을 곁들이면서 서술해 보기로 한다.

매년 6월 1일이면 이 천여 년 전 아기 예수님 가족의 이집트 입국을 기념하는 예배와 그 전야 축제가 나일강과 그 주변 교회에서 콥트 정교회 교황 타와드로스 2세의 집례로 열린다. 이제 아기 예수님이 시나이 반도를 지나 이집트 동북단 도시 펠루시움(Pelusium)을 시작으로 중부 지역

아슈트의 드론카 수도원까지 왕복 2,000여 km를 이동하는 경로를 제시하면서 이야기를 시작해 본다.

아기 예수 입애굽 기념 예배를 집례하는 교황 타와드로스 2세

⓪ 엘 아리쉬 - ① 펠루시움 - ② 텔 엘 바스타 - ③ 모스토로드 - ④ 빌베이스 - ⑤ 다카도스 - ⑦ 사마누드 - ⑧ 사카 - ⑨ 와디 엘 나트룬(마카리우스 수도원/바라무스 수도원/비쇼이 수도원/시리아 수도원) - ⑩ 아인 샴스/마타리야 - ⑪ 올드 카이로(바빌론 요새/예수피난 교회/공중 교회/벤 에즈라 시나고그) - ⑫ 마아디(아다위야 교회) - ⑬ 미트 라히나(멤피스 박물관) - ⑮ 가발 엣 타이르 - ⑳ 무하라끄 수도원 - ㉑ 드론카 수도원 - 팔레스타인으로 귀환

홀리스텝 전 지역 일람표

<table>
<tr><th>지역</th><th>연번</th><th>장소</th><th>지번</th><th>세부 장소</th><th>영문 표기</th><th>의미</th></tr>
<tr><td rowspan="7">Ⅰ.
시나이
반도</td><td>1</td><td>라파</td><td></td><td></td><td></td><td></td></tr>
<tr><td>2</td><td>엘 셰이크
주웨이드</td><td></td><td></td><td></td><td></td></tr>
<tr><td>3</td><td>엘 아리쉬</td><td>⓪</td><td></td><td></td><td></td></tr>
<tr><td>4</td><td>알 플루세이아</td><td></td><td></td><td></td><td></td></tr>
<tr><td>5</td><td>텔 알칼스</td><td></td><td></td><td></td><td></td></tr>
<tr><td>6</td><td>엘 무하마디에</td><td></td><td></td><td></td><td></td></tr>
<tr><td>7</td><td>엘 파라마
(펠루시움)</td><td>①</td><td></td><td>Theatre at
Pelusium</td><td></td></tr>
<tr><td rowspan="8">Ⅱ.
델타</td><td>8</td><td>텔 바스타</td><td>②</td><td>성조지 교회</td><td>Museum
of Tal Basta
Antiquities</td><td></td></tr>
<tr><td>9</td><td>모스토로드
(알 마함마)</td><td>③</td><td>동정녀 마리아 교회</td><td>Mostorod Old
Road</td><td>Musturad</td></tr>
<tr><td>10</td><td>빌베이스</td><td>④</td><td>성조지 교회</td><td>Bilbeis</td><td></td></tr>
<tr><td>11</td><td>다카도스
도로</td><td>⑤</td><td>콘스탄틴 대제 어머니
헬레나가 세운 교회들</td><td>Dakados</td><td></td></tr>
<tr><td>12</td><td>메니야트
사마누드</td><td>⑥</td><td></td><td>Menyat
Samanoud</td><td></td></tr>
<tr><td>13</td><td>사마누드</td><td>⑦</td><td>성모 마리아 교회
= 아바눕 교회</td><td>Samanoud</td><td></td></tr>
<tr><td>14</td><td>엘 부룰루스
지역</td><td></td><td></td><td></td><td></td></tr>
<tr><td>15</td><td>사카</td><td>⑧</td><td>성마리아 교회</td><td>Kafr El-Shaikh</td><td>Pekca Issous</td></tr>
<tr><td>Ⅲ.
서부
사막</td><td>16</td><td>와디 엘 나트룬</td><td>⑨</td><td>마카리우스 수도원
바라무스 수도원
비쇼이 수도원
시리아 수도원</td><td>Wadi Natrun</td><td></td></tr>
</table>

<table>
<tr><td rowspan="8">IV.
광역
카이로</td><td>17</td><td>아인샴스 & 마타리야 지역</td><td>⑩-1</td><td>The Tree of Virgin Mary in Matareya</td><td>Ain Shams</td><td></td></tr>
<tr><td>18</td><td>알 자이툰 지역</td><td>⑩-2</td><td>St. Mary's Coptic Church - Apparation Church</td><td>Zeitoun</td><td></td></tr>
<tr><td>19</td><td>센트럴 카이로 지역</td><td>⑩-3</td><td>하렛 주웨일라 교회</td><td></td><td></td></tr>
<tr><td>20</td><td></td><td></td><td>알 아즈베키야 클롯 베이</td><td></td><td></td></tr>
<tr><td>21</td><td>올드 카이로 지역</td><td>⑪-1</td><td>바빌론 요새</td><td></td><td></td></tr>
<tr><td>22</td><td></td><td>⑪-2
⑪-3
⑪-4
⑪-5</td><td>예수 피난 교회
공중교회
벤 에즈라 회당
콥틱 박물관</td><td>Abu Serga Church
The Haning Church etc.</td><td></td></tr>
<tr><td>23</td><td>마아디</td><td>⑫</td><td>동정녀 마리아 교회 (아다위야 교회)</td><td></td><td></td></tr>
<tr><td rowspan="7">V.
상
이집트</td><td>24</td><td>알 바흐나싸 (산다파)</td><td></td><td></td><td></td><td>'예수의 집'</td></tr>
<tr><td>25</td><td>미트 라히나</td><td>⑬</td><td>멤피스</td><td>Mit Rahinah</td><td></td></tr>
<tr><td>26</td><td>다이르 알 가르누스</td><td>⑭</td><td></td><td>Al Garnous</td><td></td></tr>
<tr><td>27</td><td>가발 엣 타이르, 동 사마루트</td><td>⑮</td><td>성마리아 교회 (성헬레나)</td><td>Gabal at Teir</td><td>Church of the Blessed Virgin Mary of Mount bird</td></tr>
<tr><td>28</td><td>알 아쉬무네인, 말라위</td><td>⑯</td><td>Hermopolis Magna</td><td>Al Ashmunein</td><td></td></tr>
<tr><td>29</td><td>다이루트 움 나클라</td><td></td><td></td><td></td><td></td></tr>
<tr><td>30</td><td>다이루트 알 셰리프, 아슈트</td><td>⑰</td><td>성 사라바몬 수도원</td><td>Dayrout</td><td></td></tr>
</table>

	31	알 꾸시야	⑱	성 필로파티르 교회	Al Qusiya	성가족 10일 체류
	32	메이르	⑲		Meir 현 Mir	갈릴리와 유사한 농업 지역
	33	가발 꾸스깜 (알 무하라끄 수도원), 아슈트	⑳	예수님이 지은 제단과 고대 교회	Qussqam city	성가족 6개월 5일 체류
	34	드론카, 아슈트	㉑	동정녀 마리아 수도원, 동굴교회	Derenkah	성가족 6개월 체류
	35	팔레스타인으로 귀환				

I.

입애굽:
하 이집트

마태복음 2:5에 따르면 요셉과 마리아는 로마의 인구조사(호적할) 때 베들레헴을 방문하였다. 역사적으로 당시의 인구조사 시기를 특정하기가 쉽지 않지만 로마의 인구조사가 주전 8년에 있었다는 것은 확인된 사실이다. 또 '일어나 아기와 그의 어머니를 데리고 이스라엘 땅으로 가라 **아기의 목숨을 찾던 자들이 죽었느니라** 하시니'(마태복음 2:20)라는 말씀처럼 헤롯 대왕이 죽은 때는 공식적으로 주전 4년이다. 따라서 이 인구조사(주전 8년)와 헤롯의 죽음(주전 4년) 등 두 사건 사이에는 4년의 차이가 있다. 이는 콥트 기독교에서 주장하는 아기 예수님의 이집트 피난 기간 3년 11개월과 거의 일치한다. 필자는 콥트 기독교의 이런 의견이 믿을 만한 주장이라고 생각한다.

아기 예수님과 그 부모가 이동한, 베들레헴에서 펠루시움까지의 거리는 대략 326km이다, 이는 하루에 15km씩, 쉬는 날 없이 걸었을 때 22일 정도가 걸린다. 따라서 최소한 한 달여가 걸렸을 것으로 추정한다. 이 글에서는 하루 다섯 시간 동안 걸을 수 있고 15km 정도를 이동한다고 전제하고 도시 간 이동한 날짜를 제시하기로 한다.

이러한 추정치를 전제로 아기 예수님의 이집트 피난 여정을 따라가 보자.

① 펠루시움(Pelusium, 파라마)

펠루시움은 성가족이 시나이 반도를 거쳐 들른 첫 번째 지역으로, 이집트 동북 방향의 첫 관문 도시이다.[2] 그리고 고대 이집트에서 알렉산드리아 다음으로 중요한 도시였다. 이 도시는 중요한 무역 항구로, 지중해 연안의 전략적 위치로 인해서 이집트 문명과 고대 동양 문명이 연결되는 현장이었다. 한국으로 생각하면 펠루시움은 서울로 진입하기 전에 만나는 인천과 같은 관문 도시이다. 구글맵에서 이 지역을 검색하려면 검색 키워드 'Ruins Of Pelusium Citadel'로 찾으면 된다.[3]

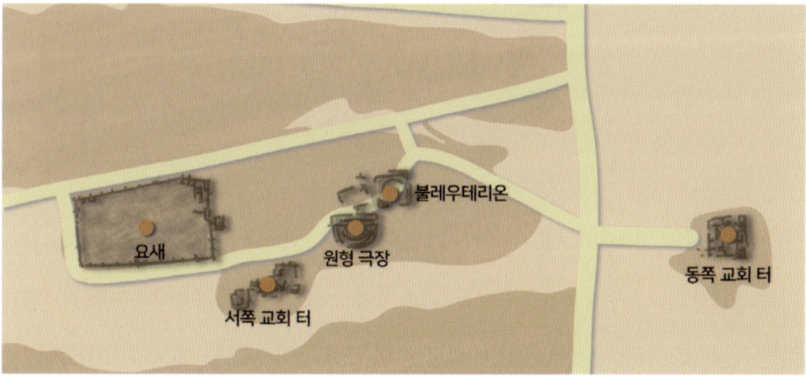

펠루시움

---

2) 위치: https://maps.app.goo.gl/aJnAhsrKWz1vStHLA

3) '펠루시움'을 시작으로, 이 책에 사용된 모든 지도들과 건물 내의 그림들은 서울 화곡중앙교회 조주영 권사님의 작품이다. 귀한 재능과 바쁜 시간을 기꺼이 나누어 주셔서 깊이 감사드린다.

아기 예수님 가족은 호루스의 길로 불리는 지중해의 해변 길을 따라 엘 아리쉬를 통과하여 이곳 펠루시움에 도착하셨을 것이다. 여기에는 아기 예수님 가족이 하루 밤낮으로 쉬었다는 동굴도 있다고 하는데 확인하기는 어렵다.

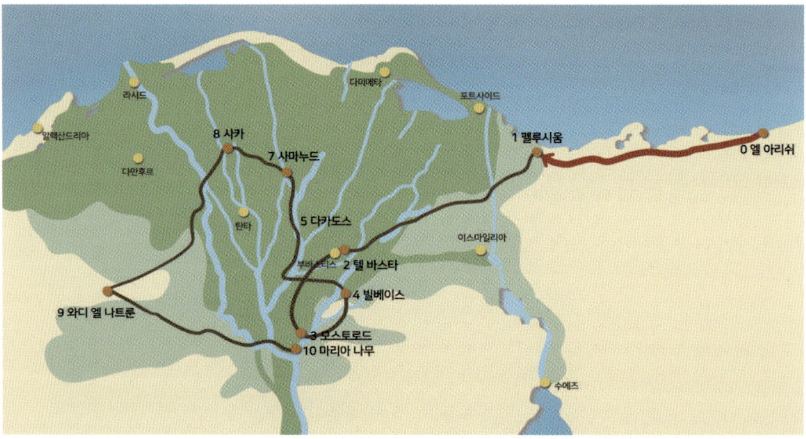

⓪ 엘 아리쉬 → ① 펠루시움

주후 7세기에 아기 예수님의 이집트 피난 여정을 기록한 사카(Sakha)의 주교 안바 자카리야스(Anba Zakharyas)에 따르면 아기 예수님 가족이 여행의 피로로 펠루시움 성문에 도착해서 그날 밤 그곳에서 쉬었다 한다. 주후 870년에는 안디옥에서 이집트로 온 수도사 버나드(Bernard)가 성가족이 머문 곳을 방문하였다고 한다. 주후 9세기에는 여행가 에피파니우스(Epiphanius)가 아기 예수님 가족이 머물렀던 장소를 방문하였던 것을 기념하여 성모 마리아 교회가 세워졌다고 한다.

이곳의 대표적인 교회 유적으로는 주후 4~5세기 세계 5대 원 모양의 교회터[4]와 동쪽과 서쪽에 각각 멀리 떨어져 있는 두 교회터[5]를 들 수 있다.

주후 380년 수도사 안바 이시도루스 엘-파르미의 지도 아래 오천 명 이상의 수도사가 생활하였다는 기록은 이곳 역시 왕성한 신앙생활의 현장이었음을 알려 준다. 이곳에는 '교회들의 언덕(Churches Hill)'이라 불리는 곳이 있는데 바실리카, 비잔틴, 콥트 양식 등 건축양식이 서로 다른 일곱 교회가 있었다 한다.

이 외에도 6세기 후반에 건설했다는 로마 요새는 36개의 탑과 3개의 문이 있고 성벽의 두께는 최대 2미터 정도로 매우 견고하였고 현존하고 있다. 이 요새의 규모는 서쪽 성벽 길이가 188m, 남쪽 성벽이 369m여서 77,606㎡에 이를 정도로 매우 넓은데 그 파괴 흔적은 주후 619년 페르시아의 침략 때문인 것으로 추정한다. 이 외에도 70×60m 크기의 로마 극장이 남아 있고 목욕탕의 흔적도 남아 있다.

필자가 유적지로 내려서서 처음 본 유적은 '불레우테리온(Bouleuterion, βουλευτήριον)'이었다. 직경 35m 원형 극장 구조인 이 유적은 헬라 시대 민주주의 초기의 핵심 장소로 추정되는데 2019년에 바르샤바 대학팀이 발굴하였다. 이 원형 건물터는 다시 둘레 202m 정도(추정)의 사각형 유적(면적 2,437㎡)이 둘러싸고 있다.

---

4) 관련 사진은 Nuns of St. George Convent(2020:13), The Path of The Holy Family in Egypt, Concorde Press 참조

5) 필자가 다녀온 장소는 서쪽 교회와 그 주변의 원형극장, 불레우테리온(원로원), 로마 요새 등이었다. 동쪽 교회는 이들과 1km 떨어져 있는데 아쉽게도 방문하지 못하였다. (위치: https://maps.app.goo.gl/PtQ8d1kMhNXgRNSw6)

불레우테리온(원로원)

이 유적은 도시 대표들의 만남의 장소였을 것으로 짐작하는데 바르샤바 대학교 발굴팀은 이 지역 발굴 유적 중 가장 흥미로운 구조물로 꼽았다. 펠루시움 유적은 폴란드 바르샤바 대학교 지중해 고고학 센터[6]에서 2005년, 2008년, 2009년 등에 꾸준히 발굴하고 있는데 그 발굴된 규모가 펠루시움 고대 도시 면적의 2%밖에 안 된다고 보고하였다. 펠루시움은 잘 계획된 도시로 보이는데 이는 규칙적인 거리 격자가 확인되기 때문이라고 한다.

이곳에서 일어났던 역사적 사건으로는 주전 525년 펠루시움 전투를 꼽을 수 있다. 이 전투에서 페르시아 캄비세스 2세는 이집트 26왕조(리비아 사이스)의 군대 5만 명을 패퇴시켰고 이 전투는 이집트에 페르시아 아케메네스 27왕조가 시작되는 계기가 되었다.

---

6) https://pcma.uw.edu.pl/badania/sezon-po-sezonie/12-5/?utm_source=chatgpt.com

로마의 폼페이 장군이 파르살루스 전투에서 대패한 뒤 세력 회복을 위해 왔다가 이집트 프톨레미 13세 왕에 의해 죽음을 맞은 장소도 이곳 펠루시움이었다. (▶는 '찾아가는 길' 등을 나타낸다)

▶ 카이로에서 이곳을 방문하려면 포트사이드까지 대중교통을 이용한 다음, 펠루시움까지는 택시 등을 이용해야 한다. 한인들이 많이 사는 카이로 마아디에서 자가용으로 이동한다면 215km로, 세 시간 정도가 걸린다. 하지만 펠루시움이 시나이 반도에 속해 있는 군사지역이어서 사전에 관계 당국의 방문 허가를 마쳐야만 방문이 가능하다. 이 방문 허가는 최소 일주일 정도의 여유를 두고 여행사를 통해서 신청하는 것이 좋다.

필자는 2025년 5월에 이 지역을 방문할 수 있었다. 이전에도 펠루시움을 가려고 택시를 대절했지만 이스마일리아 검문소를 통과하지 못했었다. 여행 허가를 받은 이번 방문에서도 이 검문소는 끝내 문을 열어 주지 않았다. 하지만 이 검문소에서 다른 길을 안내해 준 덕분에 많이 돌아가기는 했지만 포트 사이드 쪽에서 수에즈 운하를 다리와 페리로 건너면서 펠루시움 쪽으로 접근할 수 있었다. 구글 지도만 믿고 가는 초행길이어서 포트 포아드에서는 현지 지리를 잘 아는 청년을 길잡이로 차에 태웠다. 덕분에 헤매지 않고 펠루시움으로 가는 길을 찾을 수 있었다.

책으로만 알았던 펠루시움 현장을 직접 밟게 되니 그 지역 유적들의 구성이 좀 더 잘 이해되었다. 차에서 내려 처음 만난 유적은 불레우테리온(원로원)이었다. 이어서 로마 원형 극장이 있었다.

원형 극장

이 원형 극장에서 길을 따라 200여 미터 서남 방향으로 가면 둘레 길이 600여 미터, 19,888㎡ 면적의 교회터를 포함한 유적이 나온다. 이 넓은 유적지를 필자가 모두 이해할 수 있는 고고학적 지식을 갖고 있지 않다. 하지만 아기 예수님의 방문을 기념해서 세운 교회와 수도원 등의 유적은 다른 책자들의 설명과 사진들을 보아 왔기 때문에 찾아 보기로 했다. 그중 하나로 침례탕을 찾아 보았지만 그 넓은 곳에서 찾기 어려웠다. 침례탕을 찾는 마지막 방법으로 교회 안에서 침례탕의 위치가 서북 방향이라는 사실을 활용하기로 했는데 결과적으로 성공하였다.

복원한 십자 침례탕

서쪽에서 바라본 교회터

이 침례탕은 The Path(2020:10)를 복원한 것으로 생각된다. 이런 복원의 흔적들은 복원된 부분의 줄눈(이음매)이 유난히 하얗기 때문에 필자가 찍은 사진에서 어렵지 않게 찾아 볼 수 있다.

남쪽 목욕탕(2025. 5. 28.)

이런 교회 유적들을 둘러보고 130m 정도 서북쪽으로 가니 생각보다 큰 요새가 드러났다. 이 요새의 둘레는 1,117m이고 73,285㎡의 면적이다. 이 면적은 국제 규격의 축구장 약 10.26개 정도의 규모이다. 이런 요새의 규모로 보아 이곳 펠루시움에서 벌어졌을 전투의 규모나 살았을 인구가 실감 나게 느껴졌다.

펠루시움 요새

이제 우리는 도시의 규모에 대한 생각을 바꿔 놓았던 펠루시움을 떠나 아기 예수님의 발자취를 따라서 남서 방향으로 길을 나서 보기로 한다.

② 텔 바스타(Tell Basta, 고양이 사원)

아기 예수님 가족은 펠루시움을 떠나 남서쪽으로 129km, 도보로 9일 정도 떨어진 이곳 텔 바스타로 걸어서 오셨다.[7]

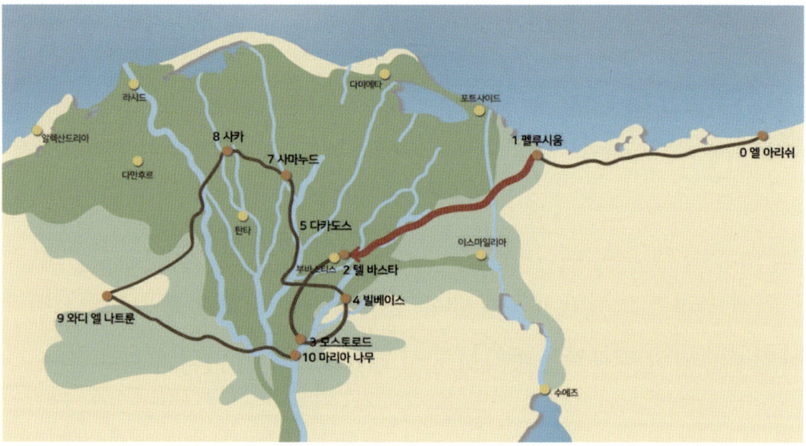

① 펠루시움 → ② 텔 바스타

아기 예수님은 7~10일 정도 이곳에 머물렀는데 주민들은 호의적이지 않았다고 한다. 그런데 목이 마른 아기 예수님이 머문 곳을 축복하시자 그곳에서 샘물이 솟았다고 한다. 시리아 수도원 홈페이지에서는 이후 18군데 정도의 장소에서 예수님이 샘물을 솟게 하셨다는 설명을 볼 수 있다. 이는 에스겔서, 사복음서, 요한계시록 등 성경에서 언급하는 '생명수'

7) 위치: https://maps.app.goo.gl/MhVR1SxaEo79Dk3A8

를 이집트에서 연상할 수 있는 구체적인 사례들이다.

이곳에서 아기 예수님 가족은 클룸이라는 농부를 만나게 되었는데 어디로 가느냐는 질문을 받고 '바빌론 요새를 향해 가는 중'이라고 대답하셨다. 이 바빌론 요새는 카이로에 있는 로마의 성채로, 이 대화를 통해서 예수님 가족이 피난 여정의 구체적인 목적지를 정해 두고 이동하고 있었다는 점이 새롭게 다가왔다.

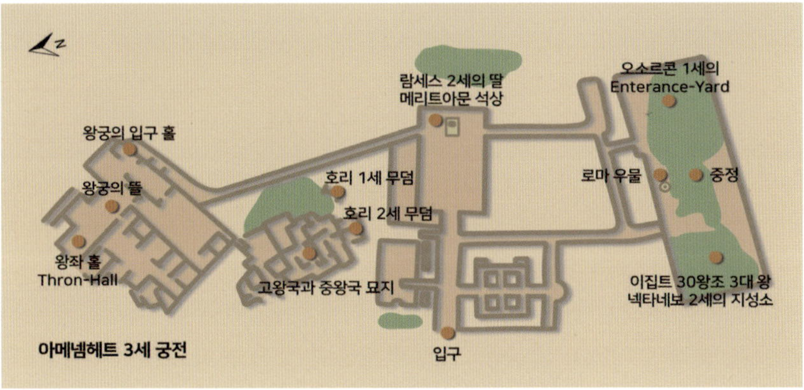

고양이 박물관 배치도

이 농부는 아기 예수님 가족을 집으로 초대해서 극진한 대접을 하였는데 아기 예수께서는 앓고 있던 그 농부의 아내를 치료해서 낫게 하셨다. 그들은 그 답례로 때마침 열린 국가적 축제 현장인 고양이 사원으로 예수님 가족을 안내하였다. 그런데 그 사원 입구에 아기 예수님 가족이 발을 내딛자마자(박물관 배치도의 오른편 위 '오소르콘 1세의 Enterance-Yard') 고양이 신전 건물이 무너지는 일이 일어났다. 이는 '애굽의 우상들이 그 앞에서 떨겠고(이사야 19:1)'라는 성경 말씀의 실현이라고 콥트 기독교인들은 믿고 있다.

고양이 신전 터

하지만 고양이 사원을 붕괴시켰다는 이유로 아기 예수님 가족은 주민들에게 쫓기게 되었고 클룸은 그 추적자들이 찾지 못하도록 예수님 가족을 안전하게 숨겨 주었다. 아기 예수님은 그곳을 떠나면서 클룸 가족을 축복하셨고 이후 그 집터 위에 교회가 세워졌다.

주전 2890년으로 거슬러 올라가 보면 텔 바스타는 당시 주류를 형성하던 고양이 숭배 사상인 바스테트 종교의 중심지였고 그 규모는 여의도 면적(2.9㎢ 기준)의 다섯 배가 넘는 16㎢였다. 고양이 신은 악령과 질병으로부터 집을 보호하고 다산을 관장하는 이집트 여신이다. 기원전 5세기에 페르 바스테트(Per Bastet)를 방문한 그리스 역사가 헤로도토스(Herodotus)에 따르면, 다른 사원이 웅장해 보이지만 '바스테트(Bastet) 사원보다 더 아름다운 사원은 없다'고 했다 한다.

고양이 신(© The Metropolitan Museum of Art,
photo by Anna-Marie Kellen. Public Domain.)

▶ 카이로 마아디에서 텔 바스타까지는 승용차로 1시간 40여 분 걸린다. 대중교통으로 접근하려면 자가지그(Zagazig)까지 버스로 이동한 다음 택시를 이용하면 된다. 지금은 박물관이 된 텔 바스타는 구글맵에서 한글로 '부바스티스'라고만 쳐도 바로 나온다. 이 부바스티스는 구약성경 에스겔 30:17에 나오는 '비베셋'으로 '바스테트의 영역, 소유지'를 뜻한다. 이곳의 콥트교회 비골 신부님은 텔 바스타 지역 연구자로 수십 년 지내 오셨는데 다음은 그분이 나눠주신 홍보 책갈피이다. 그분과 연락이 닿으면 아기 예수님 이야기를 더 실감 나게 들을 수 있다. 특히 이곳의 로마 우물은 아기 예수님과 아무런 관련이 없다고 힘주어 강조하시기도 하였다.

2025년 5월에 다시 만났을 때 비골 신부님은 아기 예수님의 바스테트 방문 모습을 재연하려는 준비로 분주하였다. 필자의 눈길을 끈 것은 고양이 신이 들고 있는 시스트롬이란 악기 모형이었다. 이 악기까지 만드시는 것으로 보아 신부님께서 얼마나 세심하게 준비하는 축제인지 알 수 있었다.

고양이 신이 들고 있는 악기 시스트룸 모형

③ 모스토로드

텔 바스타에서 쫓기듯 떠난 예수님 가족은 모스토로드로 향했다. 모스토로드는 텔 바스타에서 남서쪽으로 58km 떨어져 있어서 걸어서 나흘 길이다.[8)]

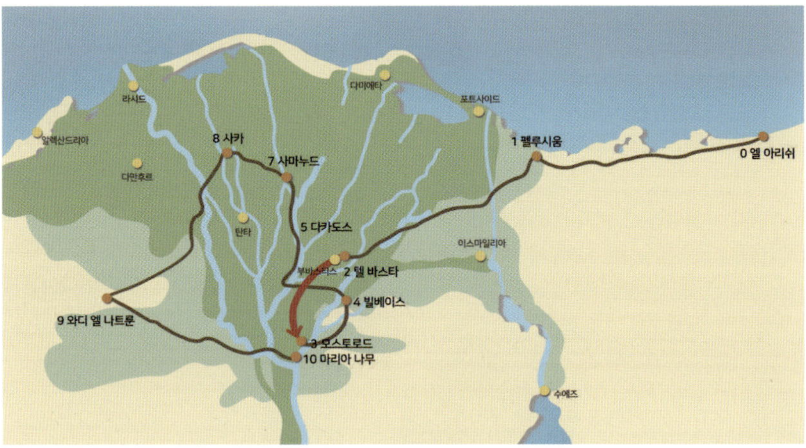

② 텔 바스타 → ③ 모스토로드

---

8) 위치: https://maps.app.goo.gl/bpLQzd1y6B2HnjMP9

눈에 잘 띄지 않는 모스토로드 교회 입구

아기 예수님이 잠시 머무셨던 동굴

예수님을 씻긴 모스토로드의 우물

험난한 길을 걸어온 가족들은 이곳의 한 동굴에 머물렀다. 이곳은 어머니 마리아가 아기 예수님을 목욕시키고 그 옷을 빨았다고 해서 '알 마함마(목욕탕)'라 부르게 되었다.

이곳에서 여정의 목적지였던 바빌론 요새는 17km밖에 떨어져 있지 않았는데 예수님 가족은 뜻밖에도 그 발길을 북쪽 방향으로 되돌렸다. 오던 길을 되짚어 북상할 수밖에 없었던 이유는 예수님 가족의 뒤를 좇아 오던 헤롯의 병사들을 피하기 위해서였다고 전한다.

예수님 가족이 머물렀던 자리에는 1185년 교회가 세워진 것을 시작으로 여러 우여곡절을 겪으며 오늘까지 이어졌는데 지금은 Historical Church of the Blessed Virgin Mary in Mostorod(الأثريه بمسطرد كنيسة العذراء)로 불리고 있다.

▶ 카이로 마아디에서 이 교회로 가려면 메트로를 타고 쇼하다 역에서

버스에 이어 미니버스로 갈아타면서 한 시간 삼십 분 정도 가야 한다. 즉 대중교통으로 가는 길은 쉽지 않다. 카이로 마아디에서 승용차나 우버 택시를 이용하면 40여 km로, 40여 분이면 그 교회에 도착할 수 있다. 교회 입구에 경찰이 지키고 있고 신분증을 확인하니 꼭 여권을 가져가기를 권한다. 이 교회에서 마타리야 마리아 나무 공원이 4km 정도 동편에 있어서 승용차로 10분 정도면 갈 수 있다. 또 이곳 태양의 도시 헬리오폴리스에는 세계에서 가장 오래된 오벨리스크가 있다. 이 세누스레트 1세(주전 1962~1928) 오벨리스크는 마리아 나무 공원으로 가는 길 도중에 있어서 보고 가는 것이 여정 동선을 줄일 수 있는 한 방법이다. 이 오벨리스크 박물관도 생각보다 볼거리가 많아서 관심 갖고 자세히 보려면 3시간 이상이 필요하다.

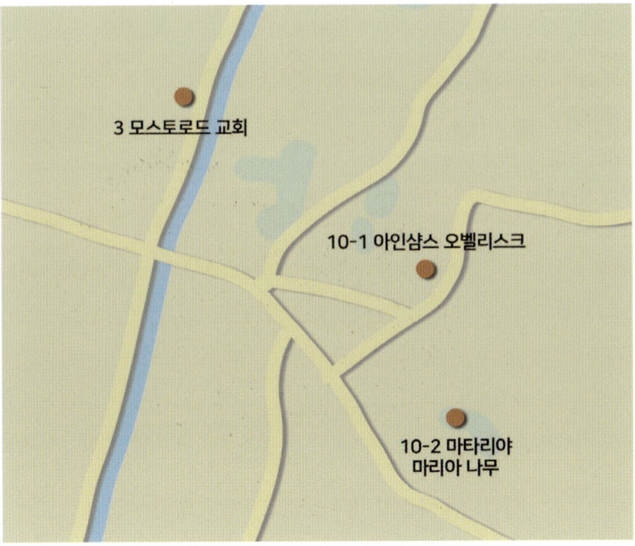

모스토로드 교회와 오벨리스크, 마리아 나무 공원

헬리오폴리스의 세누스레트 1세 오벨리스크

④ 빌베이스

모스토로드에서 빌베이스는 북동 방향으로 46km 거리에 있다.[9] 따라서 아기 예수님 가족은 모스토로드에서 사흘 남짓 바삐 걸어서 빌베이스에 도착했을 것이다.

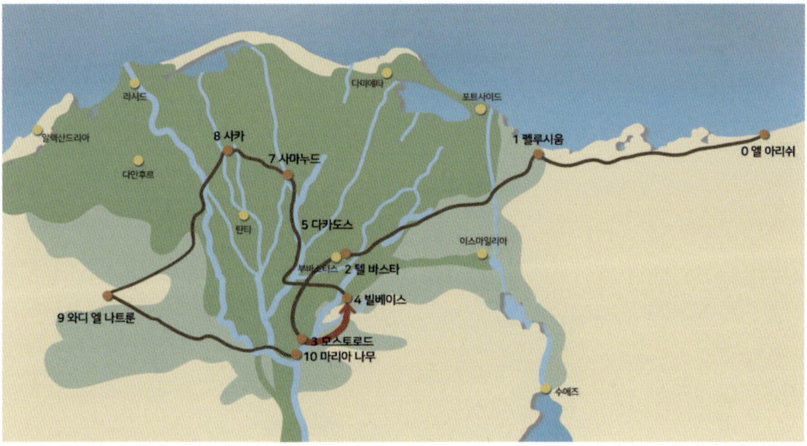

③ 모스토로드 → ④ 빌베이스

이 마을 사람들은 오랜 여행으로 지친 예수님 가족을 처음부터 환영하고 손님으로 맞았다고 한다. 그들은 한 나무 그늘 아래서 쉬었는데 사람들은 그 나무를 '동정녀 마리아의 나무'라고 불렀다.

창세기 46:29에 보면, 이곳은 요셉이 수레를 갖추고 올라가서 야곱을 만

---

9) 위치: https://maps.app.goo.gl/fykfBYCCwt6b3odp7

난 장소이자 야곱이 그 아들들과 함께 살았던 고센 땅으로 알려져 있다. 또 에스겔서 30:17 '아웬과 비베셋의 소년들은 칼에 엎드러질 것이며 그 성읍 거민들은 포로될 것이라'의 '비베셋'으로 이곳 빌베이스가 나온다. 이 도시는 이집트 제22왕조 시삭이 건설했고 여로보암이 솔로몬을 피해서 망명했던 장소로 알려져 있다.

아기 예수님 가족이 거쳐 간 장소들 중 오늘날 잘 방문하지 않는 곳들이 몇 있는데 빌베이스가 그런 곳 중 하나에 해당한다.

⑤ 다카도스 도로

아기 예수님 가족은 빌베이스에서 지금의 다카도스 다리까지 다미에타 지류를 따라 북쪽 방향으로 나흘 길(48km)을 걸으셨다.[10)]

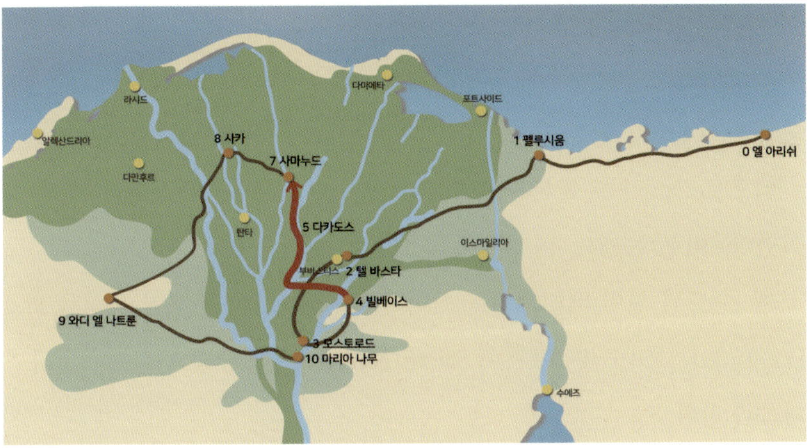

④ 빌베이스 → ⑤ 다카도스 → ⑦ 사마누드

4세기 로마 콘스탄티누스 1세 황제의 어머니 헬레나는 예수님 가족이 다미에타 지류를 따라 북상한 것을 기념해서 곳곳에 교회들을 세웠다고 전한다.

'다카도스'라는 지명은 콥트어 '치테오토코스(하나님의 어머니)'에서 유래하였다. 이집트 어느 콥트 정교회를 방문해도 성화벽(iconostasis) 휘장

---

10) 위치: https://maps.app.goo.gl/WJvH8suXzK14GZJE7

에는 콥틱 문자로 테오토코스가 새겨져 있는 것을 쉽게 볼 수 있다. 이 '테오토코스'라는 표현은 칼케돈 신경의 '신적 출산이신 마리아'라고 해석하는 것이 헬라어 원문의 정확한 의미라고 볼 수 있다.

이런 의미에서 초대 교회 시대 알렉산드리아 학파의 주장 '테오토코스(theotokos)'는 성모 숭배가 아니라 '예수님의 신성을 강조'하기 위한 것이었다. 서방 가톨릭 교회의 성모 숭배 경향은 중세 후반인 12~13세기에 발전하였다. 1854년에야 가톨릭은 무흠수태설을 공식 교리로 채택하였고 '성모 승천설'은 1950년에 교리로 지정하였다(최종원(2018:295), 『초대교회사 다시 읽기』, 홍성사).

'테오토코스'라는 표현은 주후 5~6세기 이집트 이단 논쟁의 핵심 단어였다. 이런 논쟁의 흔적은 와디 엘 나트룬의 시리아 수도원 설립 등 '복제' 수도원 설립 배경에서도 찾아 볼 수 있다. 이 논쟁의 핵심을 Phil Booth(2017:154)[11)]와 Alberto Siliotti(2007:34)[12)]를 중심으로 도식화하면 다음과 같다.

---

11) Phil Booth(2017:153-154), Towards the Coptic Church: The Making of the Severan Episcopate

12) Alberto Siliotti(2007:34), Coptic Egypt, The American University in Cairo Press

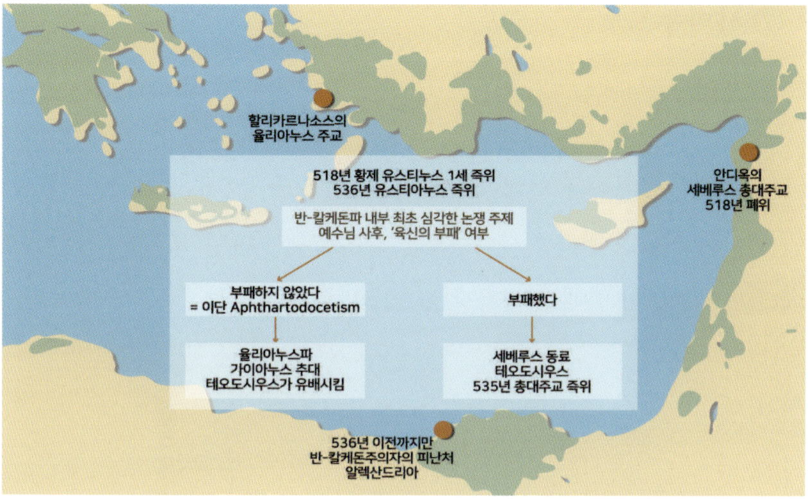

주후 6세기 전후의 비-칼케돈파 내부 최초의 심각한 신학 논쟁 정리

▶ 지금은 빌베이스에서 사마누드로 갈 때 다미에타 지류 물길을 따라 난 평범한 도로여서 눈여겨보지 않으면 이 길이 다카도스 길인지 놓치기 쉽다.

다카도스 도로를 통해서 6번째 방문 장소인 메니야트 사마누드에 도착하신 아기 예수님 가족은 이어서 7번째 방문 장소인 사마누드로 향하셨다.

⑦ 사마누드

아기 예수님 가족은 벨베이스에서 사마누드까지 94km 거리를 7일 동안 걸어서 이동하셨다.[13] 사마누드는 카이로에서 나일 코스를 따라 다미에타까지 걸을 때 통과하는 가장 중요한 도시였다.

⑦ 사마누드 교회 입구

13) 위치: https://maps.app.goo.gl/LuUH4K2orTGz898k7

아기 예수님과 그 부모가 이곳을 방문했을 때, 이곳 사람들은 예수님을 기쁘게 환영했다. 예수님 가족은 이곳에서 17일을 머무셨다고 사마누드 교회 비쇼이 신부님이 전한다. 예수님께서는 자신을 환대한 이 마을을 축복하였다 한다. 후에 그 축복의 말씀대로 이곳에 교회가 세워져 오늘에 이르고 있다.

이 교회는 성화벽 중앙 십자가 아래 좌우편에 있는 나무로 만든 두 마리의 뱀 형상이 특징적이다. 타락 이전의 모습을 나타내는 이 뱀들에 네 다리와 날개가 있는 것을 볼 수 있다.

태초의 모습으로 묘사된, 네 다리와 날개가 있는 뱀

교회 마당에는 예수님께서 축복하셨다는 12.5m 깊이에서 끌어 올리는 우물(다른 우물들은 52m 깊이)과 마을 사람들이 선물로 줬다는 화강암 반죽 그릇을 지금도 교회 뜰에서 볼 수 있다.

아기 예수님이 솟게 하셨다는 우물

마을 사람들이 선물한 반죽 그릇

이 교회는 4세기 로마 황제 디오클레티아누스의 박해로 희생된, 12살 순교자 아바눕을 기려서 아바눕 교회로도 불린다. 이 황제 재위 때 이곳 사마누드에서만 8천여 순교자가 나왔다고 한다.

▶ 그동안에는 이 교회로 가려면 노점상들 사이를 헤치면서 재래시장 깊숙한 곳까지 걸어서 지나야 했었는데 최근 차량이 넉넉히 다닐 정도로 교회까지의 도로를 재정비하여서 접근이 편리해졌다.

교회 입구를 지나면 오른편에 예배당 입구가 있고 입구를 지나쳐서 오른편 모퉁이로 돌면 건물 끝 정면에 우물과 반죽 그릇이 자리하고 있다.

⑧ 사카

아기 예수님 가족은 사마누드에서 36km 북서 방향으로 이틀 그리고 한나절 더 이동하셔서 사카에 도착하셨다.[14]

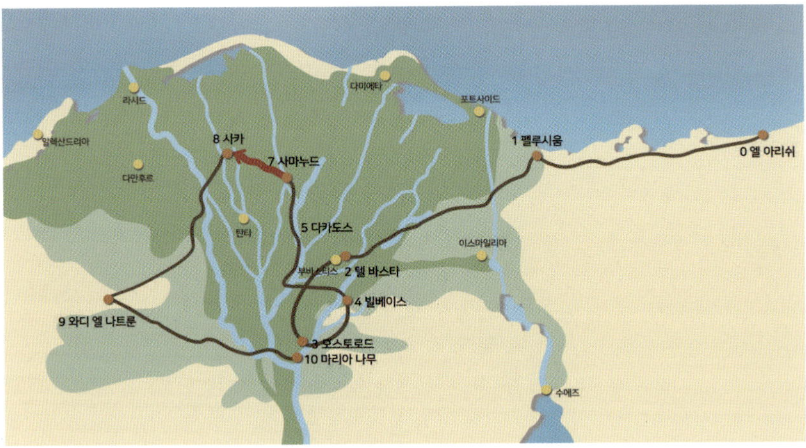

⑦ 사마누드 → ⑧ 사카

가족들은 이곳까지 오느라 힘들고 목이 말랐지만 물을 찾지 못했다. 지친 어머니 마리아가 아기 예수님을 잠깐 돌 위에 내려놓으시게 되었는데 그 발이 바닥에 놓인 돌에 닿자마자 물이 솟았다고 한다. 이런 이야기는 오래전부터 전해져 왔는데, 예수님의 발자국이 새겨진 바위 이야기 때문에 그 도시 이름을 콥트어로 '베카 이수스(예수님의 발자국)'라 부르고 있다.

14) 위치: https://maps.app.goo.gl/waiKdWzMJiMEK1aG9

사카 교회 진입로

그 바위는 기록으로만 전하다가 1985년 교회를 개축하는 과정에서 발견되었다. 특이한 것은 이 바위의 뒷면에 쿠피체(kufi, 현존하는 아랍 문자 필체 중 가장 오래되었고 초기 쿠란을 적는 데 사용)로 '하나님은 한 분이시다'라고 쓰여 있다는 점이다.

이 교회 역시 성 헬레나가 세웠다고 전하는데 5세기 이전의 제단 위에 1089년의 제단이 덧씌워져 있으며 그 위에 현재의 제단이 있는 삼 층 구조를 볼 수 있다. 다만 이 제단이 위치한 성화벽(이코노스타시스) 뒤편은 남성만이 출입할 수 있다. 이런 관행은 이집트 콥트 정교회 모든 교회에 적용되므로 여행할 때 유념해야 한다.

바위에 새겨진, 아기 예수님의 발자국(베카 이수스)

맘루크 시대의 역사가인 알-마크리지(Al-Maqrizi, 1364~1442)는 '이집트의 콥트교도들은 동방의 예루살렘으로 성지순례를 가는 것처럼 사카까지 성지순례를 하였다'고 기술하였다.

사카 교회의 유물이 전시된 복도

▶ 사카 교회는 카프르 엘 셰이크 대학과 매우 가깝다. 필자는 이 대학에 이집트에서 두 번째 한국어학과를 개설하기 위한 목적으로 방문했던 적이 있어서 친숙한 곳이었다. 이곳은 카이로에서 버스로 이동하면 4시간 정도면 도착할 수 있고 자가용을 이용하면 3시간 정도에 갈 수 있다.

⑨ 와디 엘 나트룬

아기 예수님 가족은 사카에서 와디 엘 나트룬까지 129km, 9일 정도 이동하신다. 나트룬 지역은 해수면보다 21m 낮고 매우 척박한 것이 특징이다.

예수님 가족은 사카의 남서쪽에 있는 이곳 거친 사막에 오셨는데 매우 힘든 여정으로 갈증이 심했다. 아기 예수님 가족이 출발했던 사카는 델타 지역이어서 물이 풍부했지만 이집트 서부 사막에 다다른 때부터는 물을 찾을 수 없는 소금 투성이 길을 사흘 정도 지나야 했을 것이다.

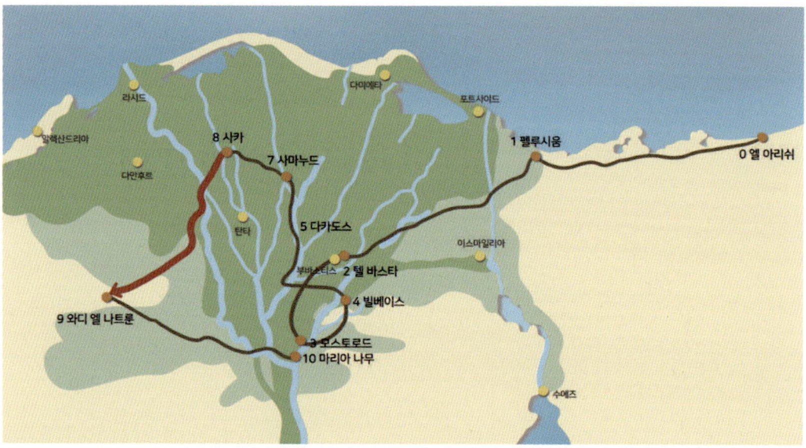

⑧ 사카 → ⑨ 와디 엘 나트룬

와디 엘 나트룬을 언급한 초기 저서들에는 여행자들이 이곳에서 길을 잃고 헤매다 죽었다는 내용들이 가득했다 한다. 그래서 이 지역을 무사히 통과할 수 있도록 안내하는 일이 생업인 사람들이 있을 정도였다. 마카리우스 성자도 수도사가 되기 전에 이런 직업(낙타 길잡이, camel driver)[15]을 가졌었다.

이곳에는 12개의 호수가 있는데 그 호수 물은 이스라엘 사해 다음으로 짜다. 그래서 미라를 만드는 탄산나트륨 소금이 여기에서 생산되는 까닭에 지명에도 '나트룬'이라고 붙을 정도다. 지금도 여전히 이스라엘의 사해 다음으로 소금 농도가 높아서 이 지역의 수도원들은 음용수를 만들기 위해서 지하수 담수화 시설을 이용하고 있다.

물 때문에 힘들었을 때 아기 예수님은 이렇게 짠 레드 스프링 호수(나바 알 함라)에서 생수가 솟아오르게 하여 가족들이 갈증을 풀 수 있었다. '마리아의 샘'이라고 부르는 이 샘은 지금도 염호수 가운데서 담수를 낸다. 필자가 이곳을 방문했을 때 마침 현지인이 마셔 보라고 그 샘에서 떠온 물을 건네주었다. 뜻밖에도 그 물맛은 소금 호수의 것이라고 믿어지지 않는, 민물의 맛이었다. 그 현지인은 필자에게 보란 듯이 그 호수에 그냥 드러누웠는데 이스라엘의 사해처럼 물 위에 몸이 뜨는 것을 볼 수 있었다. ('9-5 마리아의 샘' 그림 참조)

예수님 가족은 이곳에서도 동족인 유대인들의 보호 아래 지냈다 전하는데 당시 유대인 디아스포라는 생각보다 넓은 지역에 퍼져 있었다. 이집트 곳곳 심지어는 이집트 최남단 아스완에도 유대인 디아스포라가 있었다는 점을 생각해 보면 이스라엘에서 가까운 이집트 북부의 디아스포라

---

15) EVELYN WHITE(1973:64), The Monasteries of the Wadi Natrun II 참조. 이 문헌은 마카리우스 수도원의 마르코스 수도사님으로부터 받았다. 마르코스 수도사님은 마카리우스 수도원의 고화질 사진 수백 장까지도 흔쾌히 주셨다. 필자가 집필하는 책에 그 내용을 실어도 좋다는 말씀도 덧붙이셨다. 그 배려에 깊이 감사드린다.

는 그리 낯설지 않다.

이 광야는 아기 예수님의 축복을 받아 초기 기독교 때부터 하나님께 좀 더 가까이 나아가려는 사람들이 끊임없이 모여들었고 50여 개의 수도원들이 설립되었다. 주후 340년경에 마카리우스 수도사가 와디 엘 나트룬에서 바라무스 수도원 공동체를 만든 것을 시작으로 주후 338년 은수자 암몬(294~353)은 와디 엘 나트룬에서 멀지 않은 니트리아(Nitria)에서 수행을 하였다 한다.

스위스 제네바 대학 발굴팀은 1964년까지 100㎢ 면적에서 1,500여 곳이 넘는 개인 기도 토굴(cell)을 발견하였다고 보고한 바 있어 수도사들이 얼마나 많았는지를 가늠할 수 있다. 이 토굴들은 수도사 본인 혼자 혹은 몇 명이서 협력하여 조성하였으며 주중에 개인 기도와 노동(밧줄과 바구니 만들기 등) 등을 위해 사용하다가 주말이 되면 수도원에 모여 공동으로 식사와 교제 그리고 예배를 드리며 서로의 안위를 확인하는 방식으로 운용되었다. 이런 전통은 필자가 시리아 수도원을 방문한 2024년 여름에도 여전히 이어지고 있는 것을 볼 수 있었다. 다만 주중에 토굴로 나가는 것 대신 수도원 내의 독거 공간에서 식사와 기도 그리고 노동 등을 한다고 한다.

수도원주의를 언급할 때 제일 먼저 거론되는 수도사는 독거 수도원주의(Anchoritism)를 대표하는 안토니우스 수도사다. 이와 다른 수도원주의로는 파코미우스 수도사로 대표되는 공주(共住) 수도원주의(Cenobitism)를 꼽을 수 있다. 이들 두 수도사가 주로 활동했던 지역이 이집트의 중부 지역이라면 북부 지역은 나일 델타 삼각주의 서부 사막인 니트리아와 와디 엘 나트룬 수도처를 들 수 있다. 그중 니트리아 수도처들은 지금은 경작지로 개발되어서 그 흔적을 찾아 보기 힘들다.

⑨ 와디 엘 나트룬의 네 수도원과 마리아의 샘 전도

현재 이곳 와디 엘 나트룬에 남아 있는 대표적인 수도원은 마카리우스, 바라무스, 비쇼이, 시리아(수리안) 수도원 등 네 곳이다. 그중 바라무스 수도원과 시리아 수도원이 '복제' 수도원이라는 사실은 잘 알려져 있지 않다. 그 배경이 되는 이야기는 주후 6세기 전후 '아프타르드도케티즘(Aphthardocetism or aphtartism = Julianism, 이단)'으로 거슬러 올라간다.[16)]

예수님의 신성과 인성에 대한 당대의 뜨거운 신학 논쟁은 이곳 와디 엘 나트룬에 자리한 수도원들도 피해 가지 못했다(앞선 '5. 다카도스 도로' 설

16) Booth, Phil. "Towards the Coptic Church: The Making of the Severan Episcopate", Millennium, vol. 14, no. 1, 2017, pp. 151-190. https://doi.org/10.1515/mill-2017-0005

명 참조). 그러한 논쟁은 마카리우스, 올드 바라무스, 비쇼이, 난쟁이 요한 수도원 등 기존 수도원에서 신학 논쟁에 따라 나뉜 '복제' 수도원들을 탄생시켰다. 즉 4개의 기존 수도원에 다시 4개의 복제 수도원이 설립된 것이다.[17] 이들 복제 수도원들은 기존 수도원 이름 앞에 '테오토코스'를 붙여 불렀다고 한다.

> 이러한 새로운 시설들은 종종 기존 시설들과 나란히 지어졌으며, 심지어 같은 이름을 유지하면서도 '테오토코스'라는 단어를 덧붙였다. 이는 율리우스파가 경시했던 성육신의 중요성을 인정한 것이었다.
> 따라서 시리아 수도원은 율리우스 이단을 거부한 성 비쇼이 수도원의 수도사들에 의해 건립되었다. 건립 당시 그들은 이 수도원을 '**거룩한 동정녀 테오토코스 수도원**'이라고 불렀다.[18]

오늘날 와디 엘 나트룬에서 기존의 수도원과 복제 수도원이 같이 남아 있는 수도원은 비쇼이 수도원(기존)과 시리아 수도원(복제)뿐이지만 이를 아는 이는 많지 않다. 이 두 수도원이 지리적으로 거의 붙어 있다시피 가까운 것('⑨ 와디 엘 나트룬의 네 수도원과 마리아의 샘 전도' 참조)도

---

17) 물론 이 논쟁 당시에 네 개의 수도원만 있었던 것은 아니었다. 지금 남아 있는 네 개의 수도원에 한정하여 이야기할 뿐이다.

18) Prof. Sherin Sadek El Gendi(2022:102-103), Archeology of Christian Egypt, pp.1-178, Tourist Guidance Department, Faculty of Arts, Ain Shams University. 이 책은 '과학적 자료는 아니지만 학생들을 위한 학문 교재'라고 2쪽에서 밝히고 있다. 이 자료를 제공해 준 아인샴스 대학 한국어학과 마루와 교수에게 감사의 인사를 전한다.

기존의 비쇼이 수도원이 복제된 데서 그 주된 이유를 찾을 수 있다. 또한 비쇼이 수도사의 기도굴(cell)이 비쇼이 수도원이 아닌 시리아 수도원에 있다는 것도 이러한 배경에서 보아야 한다.

또한 시리아(Syria)와 로마(Pa+'Romeos')라 이름하는 수도원이 있다는 것은 초대 교회 당시 이곳이 이집트를 넘어 로마와 시리아 안디옥 등 지중해 주요 기독교 도시들과 교류하고 있었다는 사실을 일깨워 준다.

▶ 카이로에서 이곳까지 오는 대중교통은 없다. 승용차로는 한 시간 반 정도 알렉산드리아 고속도로를 북쪽 방향으로 달리다 좌측으로 길을 건너면 머지 않은 서쪽 방향에 수도원들이 위치해 있다. 서두르면 하루에 이 네 개의 수도원과 관련 장소들을 둘러볼 수 있는데 가장 북쪽의 바라무스 수도원부터 방문하고 남쪽으로 내려오면서 비쇼이, 시리아 수도원을 보고 마지막으로 마카리우스 수도원을 보면 이동할 때 고속도로를 건너지 않아 방문 동선이 훨씬 간결하다. 이는 수도원들이 모두 카이로에서 알렉산드리아로 가는 고속도로의 서편에 위치해 있기 때문이다. ('⑨ 와디 엘 나트룬의 네 수도원과 마리아의 샘 전도' 참조)

이제 마카리우스 수도원을 시작으로 와디 엘 나트룬의 수도원들을 탐방해 보기로 하자.

⑨-1. 마카리우스 수도원

마카리우스 수도사(300~391)는 30세 즈음해서 성 안토니우스에게서 수도원주의의 법과 규칙들을 배운 후 40세에 스케티스(와디 엘 나트룬)로 돌아와 그곳의 수도원 공동체 설립을 주재했다고 알려져 있다. 마카리우스 수도사는 와디 엘 나트룬 최초의 수도원인 올드 바라무스 수도원을 만들고(주후 340년경) 그곳에 머물렀지만 수도사들이 많아지자 좀 더 한적한 곳을 찾아 남동쪽으로 50여 km 떨어진 이곳에서 주후 360년경부터 수도 생활을 이어 갔다. 그래서 마카리우스 수도원은 와디 엘 나트룬의 가장 남쪽에 위치한 그리고 29명의 콥트 교황을 배출한, 와디 엘 나트룬에서 가장 크고 권위 있는 수도원으로 자리하고 있다.[19)]

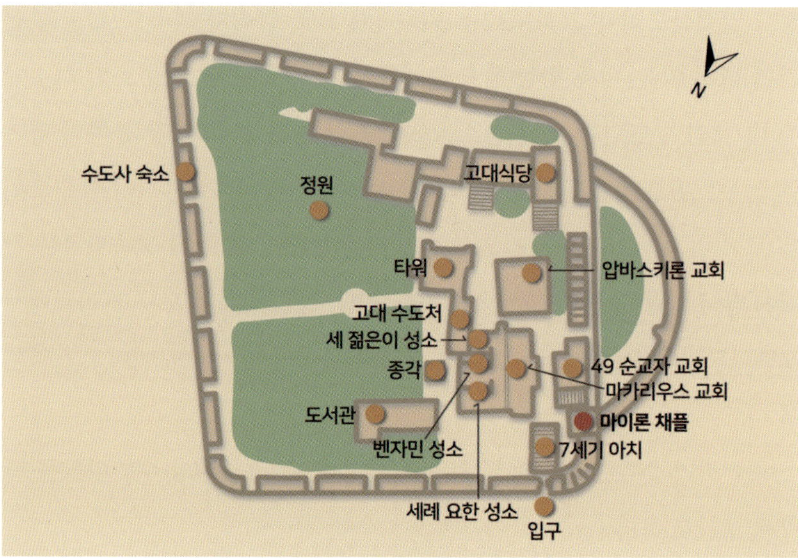

마카리우스 수도원 배치도

이 수도원을 방문하면 '고대 아치'를 먼저 만난다. 7세기 혹은 9세기에 건축되었다는 이 아치는 붕괴되었다가 1970년에 발견되어 6개월 동안의

---

19) 위치: https://maps.app.goo.gl/4kr5eppsKaymC9mC6

복원을 거쳐 다시 세워졌다. 이 아치가 발견된 곳이 수도원의 북쪽 방향이라는 점은 매우 중요하다. 1971년까지 이 수도원의 문이 동쪽이라고 알려져 왔다. 동쪽 문은 에스겔 44:1-2에 언급된 것처럼 '이스라엘 하나님 여호와가 그리로 들어왔기' 때문에 닫혀 있어야 하고 교회나 수도원의 출입문으로 사용해서는 안 되는 방향이었다. 그래서 다른 수도원이나 교회의 입구는 북쪽이었는데 마카리우스 수도원의 입구만 동쪽이라는 것은 쉽게 이해될 수 없었다.

그러던 차에 발견된 이 고대 아치를 통해서 이 수도원 역시 다른 수도원과 같이 입구가 북쪽이었음을 확인하는 계기가 되었다. 이 사례를 통해 알 수 있는 것처럼, 콥트 정교회에서는 구약에서 유래한 동서남북 방위에 큰 의미를 두고 있음을 알 수 있다.

수도원 북쪽에 위치한 고대 아치(7세기경)

수도원 입구를 지나 계단을 따라 내려가면 이 아치를 지나게 된다. 그 계단을 다 내려서면 왼편에 마카리우스 교회의 입구를 만난다. 이 교회[20]는 파괴되었다가 재건된 뒤 콥트 교황 베냐민 1세가 주후 655년 성별했다 한다. 이 교회의 중앙에 위치한 벤자민 성소 입구 상단의 뾰족한 아치는 예수님의 생애를 그린 널빤지들로 장식되어 있는, 이집트에서 가장 오래된 기념물 중 하나이다.

그리스도의 생애를 표현한 널빤지 아치(7세기 추정)

이 아치 북쪽편에 그려진 그림은 니고데모와 아리마대 요셉이 그리스도의 시신 위로 몸을 굽히고 있는 모습인데 예수님의 시신을 방부 처리하

20) https://www.stmacariusmonastery.org/macarius-church/?lang=en(마카리우스 수도원 홈페이지)의 마카리우스 교회에 대한 설명이 다른 어느 자료보다 자세하다. 이단 논쟁에 대한 콥트 정교회 입장 설명도 이곳이 매우 명쾌하다.

는 상황을 묘사한 것으로 보인다. 남쪽 방향 메달리온(아치 그림)에는 예수님의 시신을 무덤으로 옮기는 모습과 그리스도와 베드로 그리고 성 요한 복음사가인 듯한 인물이 묘사되어 있다. 아치 남쪽의 마지막 장면에는 두 인물이 있는데 왼편 막달라 마리아와 함께 있는 그리스도를 묘사한 것으로 보인다. 이 유물은 이집트 유물부가 2021년에 현장 조사한 결과 그 조성 연도를 7세기까지 앞당길 수 있다고 밝혔다. 이집트 중부 바윗(Bawit) 지역의 한 수도원에서도 이와 유사한 기법의 유물이 발견된 바 있는데 이는 6세기 작품이라고 한다.

이 교회에 들어서면 세 개의 제단을 마주한다. 중앙에 벤자민 성소, 그 왼편(북쪽)에 세례 요한 성소, 맨 우측(남쪽)에 세 젊은이(사드락, 메삭, 아벳느고) 성소가 그것이다.

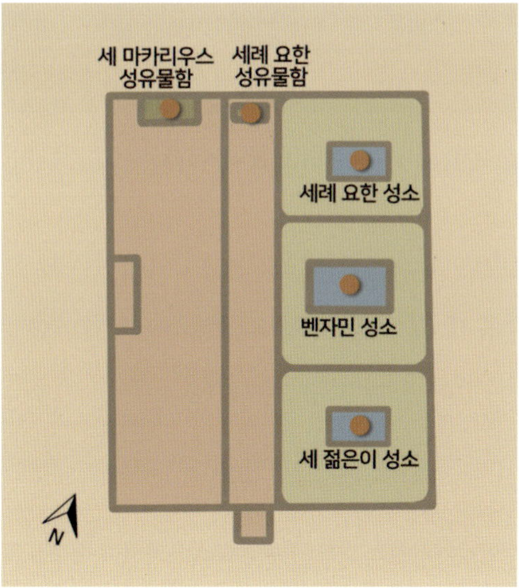

마카리우스 교회의 성소들

세례 요한 성소 앞에 세례 요한과 선지자 엘리사의 유골함있다는 것은 뜻밖이다. 세례 요한의 유골을 보관하고 있는 나라로는 러시아, 불가리아, 시리아가 알려져 있었는데 지리적으로는 이집트가 이스라엘에서 가장 가깝다.[21)]

세례 요한과 선지자 엘리사 유골함(오른쪽)과 유골이 발견된 지하 토굴(왼쪽)

이 교회의 벤자민 성소에는 예수님과 네 복음사가를 상징하는 세루빔 (The Tetramorph, 네 형상(사자, 황소, 독수리, 사람), 창 3:24, 출 26:1, 겔 1:5, 1:10, 계 4:7, 거룹/그룹)이 있기도 하다.

---

21) 콥트 정교회 아타나시우스 교황(주후 296/298~373)이 예루살렘을 방문했을 때 그 유골을 기증받아 가져왔다고 하는 기록을 읽은 적이 있다.(두루북 참조 https://www.eduru.co.kr/thrubook_new/egypt-07-005.html)

11세기 중반의 그룹(지천사, The Tetramorph, 벤자민 성소)

세 젊은이 성소와 관련해서는 알렉산드리아 대주교 테오필루스 시절 이들의 유해를 페르시아에서 옮겨왔다는 전승이 전한다.[22] 이 교회에는 세 마카리우스(성 대 마카리우스, 알렉산드리아 마카리우스, 마카리우스 주교)의 유해도 모셔져 있다.

마카리우스 교회에서 나와 길을 건너면 '마이론 셀(Myron Cell)'을 볼 수 있다. 따로 안내 표지가 없어서 지나치기 쉬운 이 방은 알렉산드리아 총대주교(= 콥트 교황)가 대사순절과 부활절 주간에 머무는, 교황의 두 번째 거주지였다. 7세기 이후 이 수도원에는 '총대주교의 셀'이 따로 있어서

---

22) EVELYN WHITE(1973:110-111), The Monasteries of the Wadi Natrun II 참조. 이 문헌은 마카리우스 수도원의 마르코스 수도사님으로부터 받았다. 마르코스 수도사님은 마카리우스 수도원의 고화질 사진 수백 장까지도 흔쾌히 주셨다. 필자가 집필하는 책에 그 내용을 실어도 좋다는 말씀도 덧붙이셨다. 그 배려에 깊이 감사드린다.

교황들이 많은 시간을 여기에서 보냈다 한다. 통치자에 의해 유배된 교황들이 이 수도원을 주된 유배 거처로 삼았다는 점에서도 이 수도원과 총대주교의 관계가 얼마나 견고했는지 알 수 있다. 총대주교는 '성유(Holy Myron, 서양에는 chrism이라고 더 잘 알려졌다)'를 만들고 축성하는 중요한 역할을 하는데 이 수도원이 그 제조 장소가 되었다는 점은 이 수도원의 가치를 더욱 높였다. 그래서 성유 마이론을 만들던 이 방을 '마이론 셀'이라고 부르게 되었다. 이 성유 '마이론'은 지금도 교황과 사제들이 직접 만들고 축성하는데 그 과정을 영상으로 중계하기도 한다. 이 성유는 침례 의식을 마친 신자들의 몸에 바르는 등 매우 성별된 용도로 여전히 사용되고 있다.

이 마이론 셀에서 조금만 남쪽 방향으로 가면 '49 순교자 교회'를 만난다. 주후 444년 베르베르족의 세 번째 침략 때 희생당한 수도사들을 기념하는 이 교회 안에는 이들 49 순교자의 이름이 벽에 기록되어 있고 고색창연한 성소와 예배당 구조물들은 그 연륜을 말해 준다.

49 순교자 교회를 나와 동편으로 향하면 예전에 수도사들이 거처로 사용했던 셀(방)들을 볼 수 있다. 아주 작은 문을 열고 셀에 들어가면 손님을 맞는 거실이 있고 그 안쪽으로는 어두운 내실이 있다. 또한 수도원에서 보이는 야트막한 언덕에는 수도원 안의 수도처보다 오래된 것이 분명한 수도처들이 몇 군데 보존되어 있다.

마카리우스 교회(왼편)와 수도사들의 방(중앙) 그리고 타워/피난처(오른편)

수도원 내의 수도사 거처

수도원 외곽의 옛 수도처 중 하나

이 수도사들의 셀 우측에는 거대한 타워/피난처(5세기 추정)가 있다. 이 타워는 베르베르족 등 외부의 침입자로부터 수도사를 보호하는 기능을 하였다, 그 외에 고대 식당, 수도원 밖의 수도사 옛 거처 등도 둘러볼 만하다.

▶ 이 수도원에는 'Bishop Anba Epiphanius Retreat House'라는 훌륭한 게스트 하우스가 있다. 2018년 순직한 수도원장 안바 에피파니우스(1954~2018)를 기리는 이름을 가진 이 게스트 하우스는 매우 청결하게 관리되는 것을 필자가 직접 체험하였다. 이 시설은 외국인을 위한 숙박 시설로, 이 시설을 이용하려면 홈페이지의 '리트리트 하우스' 메뉴에서 예약을 하면 된다.

⑨-2. 바라무스 수도원

마카리우스 수도원에서 자동차로 45분(34km) 정도 북서 방향으로 진행하면 와디 엘 나트룬의 4개 수도원 중 가장 북쪽 수도원에 도착한다. 이 수도원은 성 마카리우스 수도사가 아무도 없는 스케티스 사막에 처음 정착할 때(주후 340년경) 세운, 당시 50여 개 수도원 중 가장 오래된 수도원이다.[23]

바라무스 수도원 입구

23) 위치: https://maps.app.goo.gl/R3BDzDv4TUXTjvCH7

바라무스 수도원 건물 배치도

마카리우스 수도사가 최초 설립자이지만 '바라무스'라고 이름한 배경에는 로마 황제 발렌티니안 1세(364-375)의 두 아들 막시무스와 도미티우스 두 인물이 있다. 이 두 아들은 이 사막에서 수도 생활을 하려고 각자의 수도처를 만들었는데 이곳의 환경을 이기지 못하고 그만 세상을 뜨고 말았다. 그래서 사람들이 이 방들을 '로마인들의 수도처'라고 부른 데서 수도원 이름이 되었다.

이 수도원은 주후 405년에 베르베르의 침략을 받았는데 이때 블랙 모세[24]와 그의 스승 이시도르 수도사 등 7명의 수도사가 순교했다. 그중 블랙 모세와 이시도르 수도사의 유해는 수도원 내 동정녀 교회에 나란히 안장되

---

24) 에티오피아인 모세로도 불린 블랙 모세는 75명 도적의 우두머리였다가 회심했다 한다.

었는데 이 교회는 와디 엘 나트룬 수도원의 교회들 중 가장 오래된 교회이다.

블랙 모세 이콘

이 교회에는 멜기세덱과 아브람의 만남을 그린 프레스코화가 그 성소 오른편 상단에 있다. 오늘날에도 콥트 정교회 성찬 의례에서 숟가락으로 포도주를 입에 넣어 주던 그 전통을 여전히 따르고 있다. 콥트 정교회의 성찬 빵은 '고르반'이라고 부르는데 누룩이 들어간다는 점이 천주교와 다르다.

멜기세덱과 아브람의 성찬 장면 프레스코화

한국 콥트 정교회 성모 교회에서의 성찬 모습

7세기 초에 만들어진 피난처를 비롯한 이 수도원의 인상적인 모습을 몇 소개한다.

수도사님의 설명을 경청하는 청소년들

블랙 모세 교회의 세족 용기, 라칸(laqqan font)

7세기 초 타워/피난처로 건너가는 다리

수도원 고대 식당의 입식 식탁

⑨-3. 비쇼이 수도원

비쇼이 수도사(320~417)가 설립한 후 40여 년 동안 기거한 수도원이다.[25] 이 수도원은 베르베르의 침략으로 여러 차례 파괴된 적이 있다. 주후 444년 마카리우스 수도원에서 49 수도사들을 해친 도적들이 이곳 비쇼이 수도원의 우물에서 그 피 묻은 칼을 씻었다 한다. 지금도 보전되고 있는 이 우물은 질병과 고통을 치유하는 영험이 있다고 알려져 있다.

25) 위치: https://maps.app.goo.gl/gnbTkivf6etuHyCB7

비쇼이 수도원 북쪽 입구

비쇼이 수도원 동쪽 입구

비쇼이 수도원 배치도

비쇼이 수도사는 구제와 치유 등의 활동을 통해서 예수님의 현현을 경험한 이야기가 유난히 풍성하다.

피난처(keep/tower)는 베르베르족 등이 약탈할 때 도피처 역할을 해왔는데, 이 수도원에는 5세기에 로마 Zenon 황제가 지어 주었다 한다. 이 피난처에는 예배 처소는 물론 식량과 물 저장고 등이 갖추어져 있어서 몇 달 정도를 버틸 수 있다고 한다. 이 피난처에 들어갈 수 있는 입구는 피난처의 중간 정도 높이에 위치해 있고 나무다리를 건너야 한다. 수도사들이 모두 대피한 다음에는 그 다리를 도르래로 들어 올려서 침입자들이 피난처에 접근할 수 없도록 되어 있다.('바라무스 수도원의 피난처 다리' 참조) 이러한 피난처의 구조와 그 기능은 다른 수도원들과 크게 다르지 않다.

49 순교자의 피가 묻은 칼을 씻었다는 우물

수도원 초기 좌식 식탁의 식당을 활용한 박물관 내부

이 수도원의 박물관에는 많은 유물들을 보관하고 있는데 수도원 초기의 식당이었던 장소를 활용하고 있다. 와디 엘 나트룬에서 침례탕을 가진 수도원도 주목할 만한데 비쇼이와 바라무스 수도원 등에서 볼 수 있다. 이 수도원은 직전 교황 시누다 3세(1923~2012)가 생전에 즐겨 찾았던 곳이기도 했는데 돌아가신 후 이곳에 안장되었다. 또 수도원 남쪽 담장 밖에 새로 지어진 큰 교회당에서 전국 각지 콥트교인들이 모여서 예배를 드리는 모습을 볼 수 있다.

직전 교황 시누다 3세 추모관 내부

⑨-4. 시리아 수도원

이 수도원은 비쇼이 수도원의 복제 수도원이다. 그래서 비쇼이 수도원

에서 불과 500여 미터밖에 떨어져 있지 않다.[26)]

시리아 수도원 건물 배치도

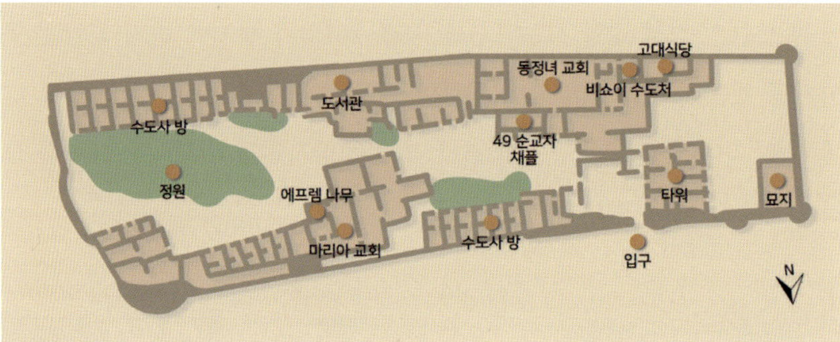

이 수도원이 비쇼이 수도원에서 분립하게 된 계기는 예수님 육신의 부패(incorruptibility) 여부에 대한 논쟁이 그중 하나였다. 그리스도는 육신을 입고 오셨고 그 육신의 어머니가 동정녀 마리아라고 주장하는 수도사들은 비쇼이 수도원에서 나와 따로 수도원과 교회를 마련하고 수도원의 이름에 '테오토코스(theotokos, 신적 어머니)'를 붙여서 '동정녀 테오토코스 수도원(Monastery of the Holy Virgin Theotokos)'이라고 하였다. 이러한 명명 방식은 분립한 수도원들이 모두 동일하였다.

이러한 갈등이 해결된 후 이 수도원은 시리아 상인들에게 팔려서 시리아 수도사들을 위한 수도원으로 자리매김하고 수도원 이름에 '시리아'를 붙였다.

시리아 니시비스 출신의 수도원장 모세 수도사는 많은 시리아 문서들

26) 위치: https://maps.app.goo.gl/F4mexTYA9aDapU3PA

을 시리아에서 구해 왔고 한때 삼천 권이 넘는 진귀한 문서들을 소장해서 콥트 교회에서 가장 중요한 곳 중 하나로 꼽힌다. 그중 40여 개 귀중 필사본은 지금 바티칸 도서관에서 소장하고 있다.

시리아 수도원의 고문헌

이 수도원의 교회 지붕은 노아의 방주 형태이다. 이는 교회가 천국으로 항해한다는 상징성을 나타낸다. 그래서 콥트 기독교에서는 방주에 탔던 사람 수 '8'에 큰 의미를 부여한다.

이 수도원에는 피난처(keep/tower), 성 에프렘의 나무, 교회, 수도사의 방 등이 있고 이 교회에는 수태고지, 성탄, 승천, 안식(dormition) 관련 최고의 프레스코화들을 보유하고 있어서 볼 만하다. 이런 비잔틴 양식의 특별한 그림들 중 일부는 1991년에 발견되었고 네델란드 라이덴 대학 고고학팀에 의해서 복원되었다. 그중 2009년에 복원된 '예언의 문(주후 913년)'은 이단의 발흥과 하나님 나라 도래 등 이천 년 기독교 역사를 예견했다는 점에서 눈에 띈다.

수태고지 프레스코화(왼쪽부터 모세, 이사야, 마리아, 천사, 에스겔, 다니엘)

예언의 문

피난처에 있는 수도사의 방

비쇼이 수도처의 낮은 천장에 머리를 찧는 모습

성 비쇼이가 생전에 사용했던 수도처가 그 교회 내부에 있다는 것은 그 당시 신학 논쟁에서 예수님의 신성과 인성을 동등하게 여기는 것을 의미하기 때문에 신학적으로도 눈여겨볼 만하다.

2006년에 복원한 주현(Epiphany) 그림은 베들레헴 예수탄생 교회의 애프스(apse, 교회 앞쪽 동쪽 끝 반원형)에 있다가 7세기 초에 소실된 그림의 축소 모형이라고 할 정도로 닮았다고 한다. 그래서 이 수도원의 주현 그림은 '베들레헴의 잃어버린 애프스의 복제품'이라고 부른다.

13세기 성모 영면 그림을 제거하자 드러난 주현 장면

비쇼이 수도사는 이 수도원에서 지팡이를 짚고 온 시리아 성자 에프렘을 만났는데 방 밖에 세워 둔 그 지팡이가 뿌리를 내리고 줄기가 뻗어 자라기 시작했다 한다. 열대 아프리카 원산의 콩과 식물인 이 타마린드 나무는 민간요법의 치료제나 향신료 그리고 차 재료로 지금도 사용한다.

필자는 수도원을 방문하면 수도사의 묘지를 찾아 보려 노력한다. 그 자리에 서면 표현할 수 없는 숙연한 마음이 들기 때문이다.

수도사들의 묘지

2024년 7월 17일 필자는 이 수도원에서 하룻밤을 묵었다. 수도사님 한 분이 늦은 오후임에도 불구하고 수도원에서 꼭 보아야 할 곳들을 친절하게 안내해 주시고 설명해 주셨다. 인상 깊었던 설명 중 하나는 이 수도원의 식수가 담수화를 거친다는 사실이었다. 와디 엘 나트룬의 특성상 이 지역 전체의 지하수는 염분 농도가 너무 높아서 그대로는 사용이 불가하기 때문이라고 한다.

이 수도원에서 한국어로 제작한, 시리아 수도원과 아기 예수님의 이집트 피난 여정을 내용으로 하는 CD를 제작했다는 점 또한 인상적이었다. 수도원 입구에는 또 '성가정의 이집트 여행', '수도원의 성벽들'이란 한글 안내판들이 다른 언어 안내판들과 같이 있는데 이 역시 한국어 아기 예수님 CD를 제작한 힐러리우스 수도사님의 작품이다.

시리아 수도원 입구 다국어 안내판. 한글도 있다.

성가족의 이집트 여행 안내판(수도원 입구)

⑨-5. 마리아의 샘

아기 예수님의 이집트 피난 여정을 소개하는 여러 책자에 나와 있는 이 샘은 시리아 수도원에서 동편에 있는데, 차로 30여 분 정도 거리에 있다.[27] 2024년 7월에 개인적으로 이 장소를 찾았는데 때마침 이 샘에 대한

27) 위치: https://maps.app.goo.gl/ydMDsfcCimEo7txy5

설명을 자청한 현지인을 만나 이 샘에 대한 이야기를 들을 수 있는 소중한 기회를 얻었다. 소금 호수에 떠 있는 분이 바로 그 현지인이다. 이 샘까지는 길이 좁아서 승용차 정도로만 접근이 가능하다.

소금 호수(나바 알 함라)에서 담수를 내는 마리아의 샘

소금 호수에 떠 있는 현지인

⑨-6. 키릴로스 6세 수도처

네 수도원 중 제일 북쪽에 위치한 바라무스 수도원에서 서북쪽으로 가면 허허벌판에 언덕이 하나 나타난다. 이 언덕에 네모반듯하고 소박한 토굴 하나가 있는데 여기가 지금 교황 타와드로스 2세의 전전 교황 키릴로스 6세의 수도처이다.[28] 교황이기 전에 한 명의 수도자로, 바라무스 수도원에서 살았을 당시의 모습이 이 토굴에서 연상된다. 지금은 그 토굴 앞에 철문을 달고 교황의 이름을 그 철문에 새겨 놓았다.

콥트 정교회 116대 교황 키릴로스 6세의 수도처

---

28) 위치: https://maps.app.goo.gl/Jw7ijePU9J5tEoW47 이 장소는 구글에 등록되어 있지 않아 구글 지도에 아무런 표지가 없다.

키릴로스 6세 교황의 수도처 내부

이제 우리는 척박한 와디 엘 나트룬에서 올드 카이로로 향하는 아기 예수님의 발걸음을 좇아 광역 카이로로 가 보기로 하자.

II.
광역 카이로

⑩ 북부 카이로

와디 엘 나트룬을 떠난 아기 예수님 가족은 그 동남쪽 방향으로 7일 정도(100여 km)를 걸어서 광역 카이로의 북쪽에 위치한 아인샴스로 향했다. 아마 그 가족이 카이로 서쪽을 지날 때에는 사카라와 기자에 위치한 거대한 피라미드들을 보지 않았을까 싶다.

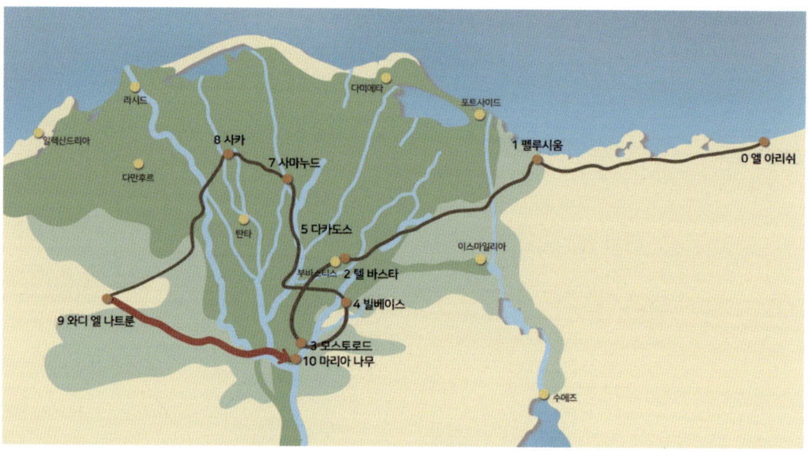

⑨ 와디 엘 나트룬 → ⑩ 마리아 나무

기자 피라미드 등 다른 유적들을 둘러보려면 ‘카이로 패스(Cairo Pass)’를 이용하는 것도 좋다. 이 패스를 이용하면 카이로, 기자, 사카라 등의 유적들을 5일 동안 횟수 제한 없이 방문할 수 있다. 그 패스의 가격은 2025년 6월 기준 130 USD이다. 따라서 방문할 유적지 입장료가 5일 동안 130달러가 넘어야 이 패스는 가치가 있다. 카이로 패스를 구입하면 이후 룩

소르 패스를 구입할 때 50% 할인 가격으로 구입할 수 있는 혜택이 있다.

2025년 6월 필자가 기자의 피라미드를 방문했을 때 입장권을 구입하는 장소와 입장하는 장소가 전혀 다른 곳으로 바뀌었다. 그리고 그동안 개인 차량 혹은 관광 버스로 입장이 가능했었는데 이제는 지정된 장소에서 탑승하는 내부 셔틀 버스로만 구내 이동이 가능하다. 다만 15명 이상이 탑승한 버스는 구내로 운행이 가능하다. 이런 서비스는 이집트 굴지의 기업인 오라스콤이 주관하고 있다. 그 그룹은 우리로 견주자면 삼성그룹 정도가 되는데 콥트 기독교 실업인이 회장으로 있고 콥트 정교회의 유적 발굴에도 적극적인 모습을 그 현장에서 확인할 수 있다.

⑩-1. 아인샴스

아기 예수님 가족이 카이로에 입성해서 처음 방문한 장소는 '태양의 눈'이라는 뜻을 가진 아인샴스였다. 이 지역은 '태양신'을 숭배하던 이집트 초기 역사와 관련이 깊은 곳이어서 태양신 숭배의 상징인 오벨리스크가 많았던 지역이기도 하다.[29] 필자가 근무했던, 중동 아프리카 유일의 한국어학과 대학원이 있는 이집트 국립 대학의 이름도 아인샴스 대학이다.

예수님 가족이 아인샴스를 방문했을 때 그곳은 대규모 유대인 공동체가 있었다 한다. Butcher에 따르면 그곳에는 주전 160년에 지어진 유대교 오니아스 회당이 있었다. 이 회당은 시리아 왕 안티오코스 4세가 유대인과 전쟁을 벌일 때 피신한 유대교 대제사장 시몬 2세의 아들이자 마지

---

29) 위치: https://maps.app.goo.gl/EeQTE3n18anvYq5N9

막 36번째 대제사장 '오니아스 3세'가 지었다. 그는 알렉산드리아로 피신하였는데 당시 이집트 통치자 프톨레마이오스의 환영을 받았다. 프톨레마이오스는 주전 160년에 오니아스 제사장에게 헬리오폴리스에 유대교 회당을 지을 수 있도록 허가하였다 한다. 그가 이토록 유대인 대제사장을 환대한 이유는 시리아 안티오코스 4세의 통치로 고통받는 유대인들의 환심을 끌기 위한 것이라는 Butcher의 설명이다.[30)]

이곳에는 지금도 극소수의 유대인들이 거주하고 있다. 파라오닉 시대부터 이곳은 '온'이란 도시로 불렸고 창 41:45 '온의 제사장 보디베라의 딸 아스낫과 결혼한 요셉 이야기'의 배경 지역도 여기이다.

이 아인샴스에는 현존 가장 오래된, 세누스레트 1세(Senusret I, 주전 1971~1926년, 이집트 제12왕조의 두 번째 파라오) 오벨리스크가 헬리오폴리스의 태양신 사원 자리에 놓여 있다. 지금은 이곳을 오벨리스크 관련 박물관으로 새로 정비하여 공개하고 있다. 넥타네보 1세가 조성했던 사원에서 유래한 부조 블록들이 양편으로 도열되어 있는 전시장은 주목할 만하다. 사원이라고 하기에는 부족하지만 이 전시장은 넥타네보 1세가 신들에게 제사를 지내는 장소를 구현하였다.

---

30) The Convent of Saint George(2016:86~87), The Journey of the Holy Family to Egypt and the District of Old Cairo, Harmony Press

넥타네보 1세 신전 일부

세누스레트 1세 오벨리스크

⑩-2. 마타리야 마리아 나무

아기 예수님 일행은 아인샴스를 지나 마타리야에 이른다.[31] 아인샴스에서 마타리야까지는 거의 지척이다.('3. 모스토로드의 지도' 참조) 이 장소에 도착한 마리아는 예수님의 옷을 빨고 그 씻은 물을 땅에 쏟았는데 그 자리에서 발삼 나무가 자라나서 꽃을 피웠다 한다. 이 발삼 에센스는 콥트 정교회에서 사용하는 성유(Holy Chrism, 향유 또는 Holy Myron)를 만드는 주된 재료 중 하나이다. 이 성유는 사도 시대부터 콥트 교황이 축성한 뒤 성별해서 사용하는데 그 전통을 콥트 정교회는 여전히 간직하고 있다.

마타리야 마리아 나무 공원의 아기 예수님 가족 조형물

31) 위치: https://maps.app.goo.gl/oK3KZN6KzdTNPomq5

역사가 아부 알 마카림은 그리스인, 로마인, 에티오피아인, 누비아인들이 카이로 성문에 도착할 때마다 알 마타리야로 향하여 제단을 세우고 그 물로 목욕한 후 축성(성별)했다고 전한다. 1800년 프랑스의 이집트 침략 때, 프랑스 원정군 사령관 클레베르와 터키 군대 사이에 벌어진 아인샴스 전투 중 프랑스 군인들이 칼날 끝으로 이 나무의 가지에 자신들의 이름을 새겼다 한다. 그 흔적인지는 확인할 수 없으나 그 나무에 새겨진 글자들이 여러 군데서 확인된다. 1869년에는 수에즈 운하 완공식 참석을 위해 이집트에 온 프랑스 나폴레옹 3세의 외제니 황후[32]가 이곳을 방문했었다고 이집트 유물관광부가 소개하고 있기도 하다.

마타리야 4세대 마리아 나무와 그 이전 세대 나무 줄기들

---

32) 2025년 10월 19일 프랑스 루브르 박물관에서 도난당한 보석들이 바로 외제니 황후의 것이어서 이 장소의 마리아 나무가 연상되었다.

원래 마리아 나무는 쇠약해져서 1656년에 쓰러졌는데, 프란치스코회 신부들이 그 가지와 잔가지를 모아서 심었다 하는 이야기가 전해진다. 가브라(Gabra) 교수에 따르면 지금의 나무는 4세대째라고 한다.

이 마리아 나무 공원의 안쪽에는 상당히 큰 성화가 있는데 한국 화가의 작품이라 한다. 하지만 그림에 아무런 표시가 없어서 그분이 누구인지는 알 수 없었다.

한국인이 그렸다고 알려진 아기 예수님 가족 그림

특이한 것은, 구글 지도를 보면 마리아 나무를 중심으로 그 주변에 50여 개의 교회가 집중되어 있는 것을 볼 수 있는데 역사적으로 여러 종파의 기독교에서 이 나무를 얼마나 중요하게 여기고 있었는지를 나타내는 반증이라고 할 수 있다. 또한 이 나무 주변 거리의 이름이나 심지어는 이슬람 회당의 이름에도 '마리아'라는 이름을 사용하고 있는 것을 볼 수 있다.

마타리아를 들른 아기 예수님 가족은 올드 카이로의 바빌론 요새를 향해 걸음을 서둘렀을 것으로 생각한다. 이런 정황의 단초는 텔 바스테트에서 만난 농부 클룸과의 대화 중에 피난 여정의 목적지가 바빌론 요새라고 말한 데 있다.

⑩-3. 하렛 주웨일라 축복의 샘

마타리아를 떠난 아기 예수님 가족은 올드 카이로로 향했다고 알려져 왔다. 하지만 하렛 주웨일라 성모 마리아 교회(Haret Zuweila, Church of the Virgin Mary)에 있는 '축복의 샘'을 보면 그 생각을 달리할 수밖에 없다.[33] 아기 예수님을 기억하는 스무 곳이 넘는 장소에 우물들이 있지만 성소 바로 앞에서 샘물이 솟는 곳은 필자가 아는 한 이곳 하렛 주웨일라 축복의 샘 한 곳뿐이다.[34] 이 샘은 질병을 치료하고 악령을 쫓아내며 불임 여성을 치유한다고 한다. 이 장소를 2025년 6월 5일에 처음 방문하고 들었던 생각은 '등잔 밑이 어둡다'였다. 7년여 기간 동안 수십 군데 아기 예수님의 발자취와 축제 현장들을 찾아다녔지만 카이로에서 이처럼 아기 예수님의 생생한 흔적을 찾을 줄은 몰랐다.

---

33) 위치: https://maps.app.goo.gl/Q3GBB6ntTxKWF7yAA

34) 샘, 우물, 건수의 의미 차이는 표준국어대사전 참조

축복의 샘

축복의 샘을 기념하는 이 교회당은 하렛 주웨일라 지역에서 가장 오래되었다. 성소가 동쪽이어서 일반적으로 서쪽에 그 입구가 있는 다른 교회당들과 달리 이 교회당은 남쪽에 입구가 있다. 교회당에 들어서면 맞은편 북쪽에 있는 고풍스러운 대리석 설교단(암본)이 먼저 눈에 들어온다. 교회당 입구에서 오른편 방향이 동쪽이고 여기에는 성소 네 개[35]가 나란히 배치되어 있다.

그중 중앙에 위치한 성모 마리아 성소의 우편에 축복의 샘이 위치한다. '성스러운 우물(البئر المقدس)'이란 팻말이 놓여 있는 이 샘은 앞서 표현한 것처럼 '축복의 샘'이란 이름으로 불린다. 유리로 덮여있는 이 샘은 그

35) 왼쪽부터 세례자 요한 제단, 대천사 미카엘 제단, 성모 마리아 제단, 천사 가브리엘 제단이 위치한다.

솟아오르는 물줄기가 만들어내는 소리와 더불어 눈으로 그 샘물의 물결을 뚜렷이 확인할 수 있었다. 이 물은 정말 특이하게도 성소 앞을 흘러서 성도석 가장자리를 따라 교회당의 뒤쪽까지 가서야 밖으로 빠져나갔다. 이 광경을 보면서 에스겔서 47장 1-12절의 '성전에서 축복과 번성의 물이 흘러나오는 환상'의 실현이라는 생각이 연상되었다. 성도들은 교회당에 들어와서 솟아 나온 물로 얼굴을 씻는 일을 당연한 일상이자 축복인 것처럼 보여 주었다.

숫자 6(아랍 숫자 ٦ 병기) 팻말이 붙어 있는 입구를 들어서자마자 우측에 교회 입구가 나타났다. 십여 계단을 올라가니 우측으로 교회가 모습을 드러냈다. 순교자(마르) 기르기스 교회로 불리는 이 교회는 순교자 아부 세이파인의 이름으로 제단이 봉헌되었다. 그래서 13세기 이전에는 성 메르쿠리우스 아부 세이파인으로 불리었다가 훼손된 교회를 복구한 뒤 위대한 순교자 성 조지(= 기르기스) 교회라고 부르게 되었다 한다. 이 교회에는 오른쪽부터 대천사 미카엘 제단, 성모 마리아 제단, 성 비쇼이 제단 그리고 맨 왼쪽에 침례탕이 위치한다. 교회 내부 사진을 찍고 있으니 한 쌍의 부부가 성소를 향해 두 팔을 들고 기도하는 모습을 볼 수 있었다. 평일에도 교회를 찾아 기도하는 모습이 인상적이었다. 교회의 맨 뒤 장의자에는 교회 관리인인 듯한 사람이 세상 편하게 오침을 즐기고 있어서 잠을 깨우지 않으려고 발소리와 셔터 소리를 죽이면서 움직여야 했다.

위치상 맨 처음으로 접한 이 교회만 보고 돌아 나오기가 아쉬웠다. 교회의 모습이 너무 잘 단장되어 있어서 10세기 즈음의 모습이라고 보기 어려웠기 때문이다. 확인해 보니 2016년 6월에 새로 단장했다는 현판이 입구에 있었다. 그래서 좀 더 골목 안쪽으로 깊이 들어가 보기로 했다. 그 골목 막다른 곳에는 나무문이 있었는데 그 문 오른편 벽에는 이 교회에 머문 교황들의 명단, 교회 복원 과정 소개, 교회 배치도 등이 아주 자세하게 안내되어 있었다. 이렇게 만난 교회가 책으로만 그 이야기를 접했던 '성모 마리아 고대 교회'였다.

성모 마리아 고대 교회 입구 안내판들

이 교회는 그 자체로 웅장한 기념물 혹은 귀중한 보물이라고 불린다. 이집트에서 가장 오래되고 중요한 콥트 정교회 유적지 중 하나이기 때문이다. 이 교회는 풍부한 역사와 콥트교도들이 신앙을 지키기 위해 치른 희생 이야기가 담긴 중요한 사건들을 간직한다. 그 사건들은 이곳에 살면서 피와 향기로운 삶으로 교회를 가꾸었던 순교자와 성인들의 소중한 이야기들이다. 이런 이야기의 출발점에는 성가족이 이 장소를 방문하였다는 이야기, 그리고 아기 예수님과 관련된 우물이 있음은 물론이다.

이 교회가 있는 지역은 하렛 주웨일라(Haret Zuweila)라고 불린다. 주후 969년 2월 5일 모로코[36]의 지도자 자와르 알 시키리(Jawhar al Siqilli)가 이집트에 입성하였다. 그의 원정에 모로코 베르베르 유목민 중의 한 무리인 주웨일라 부족이 동행하였고 자와르 알 시키리가 카이로를 건설하면서 그중 광활하고 거대한 구역에 주웨일라 부족을 정착시키면서 이 지역이 하렛 주웨일라라는 이름을 갖게 되었다.

성모 마리아 고대 교회 마리아 성소와 십자가에 달리신 예수님 이콘

앞서 소개한 것처럼 문을 열고 성모 마리아 고대 교회에 들어서자 정면으로 설교단(암본)이 눈에 들어왔다. 이 설교단에는 특이하게도 황금색

---

36) 성모 마리아 고대 교회의 소책자에는 '모로코'라고 나오지만 위키피디아에서는 시칠리아의 장군으로 소개되었다.

칠을 한 나무 독수리가 그 단에 얹혀 있었다. 그 독수리는 설교단의 동쪽 끝 위치에 있는 들보 위 예수님 형상 좌우측에서도 볼 수 있었다. 그 독수리 몸통 자리에는 성모 마리아와 세례 요한의 이콘이 있다.

이 교회당에 걸려 있는 이콘들은 대부분 19세기 것들이어서 필자에게는 아주아주 후대의 작품들로 여겨진다. 아기 예수님의 이집트 피난과 이후 주후 40여 년 알렉산드리아에서 시작된 복음 전파와 관련된 내용에 주목하는 입장에서는 주후 7세기 전후의 유물과 유적도 필자의 주된 관심에서 벗어나기 때문에 아무리 양보해도 11세기의 필리오퀘 논쟁[37] 이전이어야 한다.

축복의 샘을 본 뒤에 필자는 침례탕을 찾았다. 통상 교회 서북 방향에 위치하는 침례탕이어서 이 교회당도 예외는 아니겠지 하는 생각으로 교회 관리인에게 손짓발짓으로 안내를 부탁했다. 다행스럽게도 그 관리인은 필자를 그 교회당의 서북편 나무벽에 있는 문으로 안내하였다.

그런데 그 문이 열리자 침례탕이 아니라 또 다른 교회당이 모습을 드러냈다. 이곳은 순교자 메르쿠리우스 아부 세이파인 교회였다(이하 '작은 교회'로 부른다). 18세기 이집트에서 유명한 기독교 성인 중 두 사람, 이브라힘 알 가와리와 기르기스 알 가와리 형제가 성모 마리아 고대 교회 감독으로 있을 때 기도드린 장소였던 연유로 주후 3세기 순교자 메르쿠리우스 아부 세이파인 이름으로 그 장소가 제단으로 봉헌되었다. 이 교회당 역시 입구 맞은 편에 소나무 설교단이 자리했다. 그리고 침례탕은 세 성소 중 왼편 성소 안에 자리하고 있었다. 이처럼 성소 안에 침례탕이 있는

---

37) 니케아 신경과 관련된 단어로 성삼위의 관계에 관한 유명한 논쟁이다.

경우는 공중 교회도 마찬가지이다.

성모 마리아 고대 교회 서북편에 위치한 작은 교회 입구

작은 교회 성소 정면

그런데 관리인이 필자의 마음을 읽었는지 또 다른 장소로 안내하였다. 주전 30년경에 만들어진 로마시대의 물 저장소라고 그 관리인은 이곳을

소개하였다. 이런 커다란 물 저장소가 있다는 것은 아기 예수님께서 이곳에 왔을 때 이곳이 이미 사회 기반 시설이 잘 갖추어졌다는 점에서 중요한 지역이었음을 짐작하게 한다.

주전 30년경에 조성된 로마 시대 물 저장소 내부

이 교회는 13세기부터 15세기까지 콥트 기독교의 수장인 교황들이 유안니스 8세부터 마태우스 4세(102대)까지 23명의 총대주교가 이곳 주웨일라 지구에 357년 이상 머무셨던 역사적인 장소이다. 술탄 알-나시르 무함마드 빈 칼라운(주후 1293~1340까지 세 차례 재위) 통치 기간 동안, 왕위를 탐하는 군주들의 증오로 인해 종파 간 갈등과 사회적 불안이 발생하였다. 이 여파로 주후 1301년 이집트와 카이로의 모든 교회가 폐쇄되면서 기독교인 박해의 물결로 이어졌다. 그 결과 이집트의 모든 교회는 하렛 주웨일라의 성모 마리아 교회, 함자위의 성 니콜라스 교회만 빼고 모두 폐쇄되었다. 그 결과 80대 교황 안바 유안니스 8세는 콥트 정교회 총대주교좌를 올드 카이로에서 하렛 주웨일라로 옮겨야 했다.

아마 아기 예수님 가족은 이곳에서도 오래 머물지는 않으셨을 것으로 생각한다. 텔 바스타에서 농부 클룸과 나눈 대화에서 엿볼 수 있었듯이 아기 예수님 가족의 목적지는 올드 카이로의 바빌론 요새 유대인 거주지였기 때문이다. 그런 이유로 아기 예수님 가족은 서둘러 이 장소를 떠나서 올드 카이로로 향하신다.

⑪ 올드 카이로

⑩ 마타리야 나무 → ⑪ 올드 카이로

동정녀 마리아 나무에서 올드 카이로까지는 정남쪽 방향으로 17.4km 떨어져 있어서 걸어서 하룻길 거리이다. 이곳 올드 카이로는 아기 예수님 일행이 텔 바스타 지역을 지날 때 농부 클룸과의 대화를 통해서 알게 된, 아기 예수님의 피난 목적지였다.

그 당시 이곳에는 대규모 유대인 공동체와 중요한 유대 회당이 있었고 아기 예수님의 아버지 요셉은 그 친척 중 한 명에게로 향했다고 한다. 역사가들은 상 이집트로 가는 길뿐 아니라 팔레스타인으로 귀환하던 중에도 아기 예수님 가족이 이곳에 들렀었다고 증언한다.

니끼우의 유대인 요한에 따르면 주전 7세기에 신 바빌론 제국의 느부갓네살 2세가 이곳에 요새를 짓고 이집트를 통제하기 위하여 예레미야와 함께 유대인 포로들을 데리고 왔다고 한다. 그리고 아래의 성경 구절이 이러한 주장의 근거로 제시되었다.

> (개역한글) 예레미야 43:10 … 보라 내가 내 종 **바벨론 왕 느부갓네살**을 불러오리니 그가 그 보좌를 내가 감추게 한 이 돌 위에 두고 또 그 화려한 큰 장막을 그 위에 치리라 … 12 내가 애굽 신들의 집에 불을 놓을 것인즉 **느부갓네살**이 그들을 불사르며 그들을 사로잡을 것이요 목자가 그 몸에 옷을 두름 같이 애굽 땅을 자기 몸에 두르고 평안히 그곳을 떠날 것이며

그 유대인들은 이곳에 유대 회당을 짓고 요새 주위에 정착한 것으로 보인다. 이는 파라오의 전통에 따라 고대 이집트 사람 사이에 외국인이 사는 것이 금기시되었기 때문이다. 그래서 아기 예수님 가족은 유대인 정착촌이 있는 바빌론 요새를 향해 여행했다. 아기 예수님 가족은 이곳에서 3개월 정도 머물렀다.

우리는 그 당시에도 카이로가 이집트의 수도였을 것이라고 생각하기 쉽다. 하지만 아기 예수님이 오셨던 당시 가장 크고 중요한 도시는 인구 50만에서 100만 사이의 알렉산드리아였고 우리가 아는 수도 카이로는 주후 969년에야 조성되었다.

아기 예수님 가족이 이곳에 머무는 동안 아버지 요셉은 바빌론 요새의

공사 현장에서 일을 했을 것으로 추정한다. 하지만 뒤쫓아 오는 헤롯 병사들에 대한 염려 때문에 바빌론에 사는 요셉의 친척들은 요셉에게 상 이집트로 갈 것을 조언하였다 한다.

이렇게 아기 예수님의 피난 여정 이야기에 등장하는 요셉의 친척들은 이집트에 광범위하게 분포한 유대인 디아스포라에 속한다. 아브라함, 야곱과 그 가족들, 예레미야와 그 동반자들, 바빌론 유수에서 풀려난 사람들, 헬라 제국이 알렉산드리아를 건설하고 유지할 때 동원된 유대인들(당시 알렉산드리아 인구 50만~100만 명의 1/3 이상) 등 일찍부터 유대인들은 이집트에 정착했었다. 이런 이집트 유대인들은 1940년대에 약 8만여 명이었다고 한다.[38] 이들은 1차 중동 전쟁이 일어난 1948년 이후 대부분 이스라엘로 돌아갔고 2020년에는 20명이 채 안 된다 했다. 2022년 12월 기준으로 유대교 회당은 12개가 남아 있지만 이집트 토박이 유대인은 단 3명뿐이라 한다.[39]

▶ 오늘날 이곳 올드 카이로로 가는 길은 매우 편리하다. 1호선 메트로를 타고 마르 기르기스(순교자 조지) 역에 내려서 계단을 내려가면 바로 바빌론 요새를 만난다. 역 이름에 순교자의 이름 '조지'를 붙인 것으로 보아 이슬람 사회에서도 기독교의 존재감이 있었던 것이 아닌가 하는 생각을 해 본다.

올드 카이로에 위치한 건물들을 보면 지금의 지표면보다 10여 미터가

---

38) 이스라엘 타임즈, 2020년 1월 10일 '역사적인 알렉산드리아 회당 복원' 기사. https://www.timesofisrael.com/egypt-unveils-historic-alexandria-synagogue-after-three-year-renovation/ 참조

39) https://en.wikipedia.org/wiki/Synagogues_in_Cairo 참조

낮다. 예를 들어 아기 예수 피난 교회는 마르 기르기스 역을 따라 난 도로에서 20여 계단을 따라 내려간 다음 교회 입구에서 다시 다섯 계단 정도를 내려가야 한다. 여기에서 아기 예수 피난 동굴은 다시 열다섯 개 정도의 계단을 더 내려간다. 이처럼 올드 카이로의 건물이 현재의 지표면보다 심하게 낮은 것은 참으로 궁금하다. 그 이유로 세월이 지나면서 지표면이 상승했기 때문이라고 하기도 하지만 쉽게 납득이 가지 않는다. 그런 설명이 설득력을 얻으려면 전 세계의 다른 유적들에서도 퇴적에 따른 지표면 상승이 동일하게 발견되어야 하기 때문이다.

올드 카이로 지역의 교회 등 유적 배치도

이곳 올드 카이로에는 바빌론 요새를 포함해서 아기 예수 피난 교회(=아부 세르가 교회), 공중 교회, 성 조지 수녀원, 성 바르바라 교회, 콥트 박물관, 벤 에즈라 유대교 회당 그리고 여러 종파의 공원 묘지들이 오밀조밀 모여 있어서 한나절이면 간단하게 둘러볼 수 있다. 다만 이들 교회는 지금도 예배를 드리고 있어서 그 시간을 미리 확인해 보고 방문하여야 기다리는 시간을 허비하지 않는다.

⑪-1. 바빌론 요새

아기 예수님은 바빌론 요새를 포함해서 올드 카이로 곳곳을 축복하셨다.[40] 역사가들이 남긴 자료에 보면 아기 예수님 가족은 팔레스타인 귀환 도중에도 이 장소를 통과했다고 언급한다. 이 장소 '바빌론'은 성경에도 '바벨론'으로 언급되어 있다.

베드로 전서 15장 13절에 '바벨론'이 언급되었는데 이 바벨론이 이곳 바빌론 요새를 뜻한다고 콥트 기독교인들은 확신하고 있다. 이들이 이런 생각을 갖게 된 데는 그 구절에 콥트 정교회 초대 교황 마가의 이름이 같이 나오기 때문에 더욱 그러하다.[41] 제롬(St. Jerome, 주후 342~420) 역시 '교회 역사(Ecclesianstical History)'에서 베드로가 그의 첫 번째 서한을 '이집트' 바벨론에서 보낸 것이 틀림없는 사실이라고 기술한다. 베드로는 이집트의 바빌론에서—앗시리아 수도의 바빌론이 아니라—흩어져 있는 유대인들에게 설교를 하기 위해 왔고 그의 서한(베드로 전서)에 마가 요한의

---

40) 위치: https://maps.app.goo.gl/sYvqWRrkd81t4fnf9

41) 베드로 전서(개역한글) 5:13 함께 택하심을 받은 **바벨론**에 있는 교회가 너희에게 문안하고 내 아들 **마가**도 그리하느니라

존재를 밝힌 것이다.(Yuhanna 13)[42)]

사실 이집트에 '바빌론'이란 지명이 있다는 것은 조금 생소하다. 이런 지명 '바빌론'을 이집트에서 갖게 된 유래에 대해서는 몇 가지 설이 있다.

- 설 1: 세소스트리스 왕이 바빌론 사람들을 포로로 잡아와 노예로 삼은 주전 19세기가 기원이다. 요새 주변에 살던 포로들이 반란을 일으키자 그 포로들을 무마하기 위한 방편 중 하나로 그곳 이름을 바빌론이라 불렀다.
- 설 2: 느부갓네살 바벨론 왕이 이집트 정복 후 그 요새를 건축한 데서 유래했다.
- 설 3: 주전 13세기 초 람세스 2세에 붙잡혀 왔던 페르시아인들이 반란을 일으키자 유화책으로 자유와 안전을 보장하며 거주지를 정해 준 데서 유래했다.

이집트 '바빌론' 명칭의 유래는 분명하지 않지만 이 지역이 나일강 하류의 두 지류로 나뉘는 분기점이자 관문인 것은 사실이다. 외적이 침입할 때 이 두 지류를 거슬러 올라오거나 지류에 접한 육로를 통해서 하 이집트의 중심 도시 멤피스(현 미트 라히나)로 접근하는 것이 일반적이었다. 따라서 바빌론 요새는 로제타 지류(서쪽 알렉산드리아 근처)와 다미에타 지류(동쪽 펠루시움)로부터 멤피스를 지키기 위한 로마의 중요한 군사 기

42) The Convent of Saint George(2016:101), The Journey of the Holy Family to Egypt and the District of Old Cairo, Harmony Press

지였고 상하 이집트를 나누는 기점의 역할을 하였다. 아기 예수님 가족이 이곳을 방문했을 때만 하더라도 두 망루가 있었고 그 사이에 수문이 있었던 습지였다고 한다. 하지만 방문객들이 이를 알아차릴 단서는 찾기 힘들다. 그 이해를 돕기 위해서는 구글 어스 지도를 활용하는 것도 한 가지 방법이다. 구글 어스로 올드 카이로와 인접 지역들을 살펴보면 이 지역이 습지였을 가능성을 좀 더 쉽게 이해할 수 있다. 바빌론 요새 자체가 당시에는 나일강과 접해 있었고 가까이 있는 문명 박물관 주변으로 두 개의 호수가 있는 것을 확인할 수 있다. 올드 카이로에서 1.3km 정도 서편에 위치한 이 박물관이 호수를 끼고 있는 저지대인 것을 감안한다면 바빌론 요새가 습지였을 가능성은 넉넉히 이해할 수 있다.

바빌론 요새

이 요새를 기준으로 왼편에 그리스 정교회, 성 조지 수녀원, 골목 서점, 아기 예수 피난 교회, 벤 에즈라 유대교 회당 그리고 유대인 무덤이 있고 그 오른편에는 공중 교회가 있다. 그리고 바빌론 요새와 공중 교회 사이에는 세계 최대 최고의 콥트 박물관이 자리하고 있다.

우리는 바빌론 요새의 왼편부터 둘러보기로 한다.

• 골목 서점[43)]

바빌론 요새에서 왼편(북쪽) 방향으로 걷다 보면 우측으로 그리스 정교회 건물을 만나게 된다. 여기서 조금만 더 가면 바빌론 요새 방향(남쪽)으로 난, 지하로 내려가는 계단을 만나게 된다. 그 계단을 내려가면 육중한 문이 있는 골목 입구가 나온다. 그 골목은 좌우편에 책 가판대가 늘어서 있어서 흔히 골목 서점으로 불린다. 그 가판대 진열품 중 유독 눈길을 끈 것은, 그 촬영 일자를 알 수 없는, 그 발치까지 강물이 찬 피라미드 사진이었다.

아기 예수 피난 교회와 벤 에즈라 유대교 회당으로 가는 길

43) 일련번호는 아기 예수 피난 여정에 집중하기 위한 생각에서 이 여정을 위해서만 붙이는 고유번호이다. 그래서 간접적인 지역에는 일련번호를 붙이지 않는다.

아기 예수 피난 교회로 가는 길의 골목 서점

⑪-2. 아기 예수 피난 교회

성 조지 수녀원을 왼편으로 지나쳐서 골목 끝까지 가면 우측으로 길이 꺾이면서 아기 예수 피난 교회 입구가 나타난다.[44)]

이 교회는 이집트에서 공중 교회와 더불어 가장 오래된 교회로, 예수님 가족이 피난처로 삼았던 동굴 위에 성 헬레나가 주후 4세기에 세웠다.

이 교회는 전통적으로 교황이 총대주교 즉위 의식 후 첫 예배를 이곳에서 집례했기 때문에도 매우 중요했다. 이 교회는 주후 4세기, 로마 황제 Maximian 때 순교한 성 세르기우스와 성 바쿠스에 헌정되어서 '성 세르기

---

44) 위치: https://maps.app.goo.gl/U6HChPdNC76JAGjv5

우스와 성 바쿠스 교회'가 정식 명칭이다. 보통은 줄여서 '아부 세르가 교회'라고 하고 한국의 개신교인들은 '아기 예수 피난 교회'라고 부른다. 이 교회의 북쪽 문밖에는 아기 예수님의 이집트 피난 여정을 소개하는 입간판이 있다.

아기 예수 피난 교회 입구

아기 예수님 가족은 이 동굴에서 석 달간 은둔하였다고 한다. 아버지 요셉은 바빌론 요새의 공사 현장에서 일한 것으로 추정한다. 이 동굴에는 1세기의 돌 제단과 4세기 침례탕이 있고 원래 바닥의 돌들을 유리 바닥을 통해서 볼 수 있다. 동굴 입구에는 예수님 가족이 마셨다는 우물도 있다.

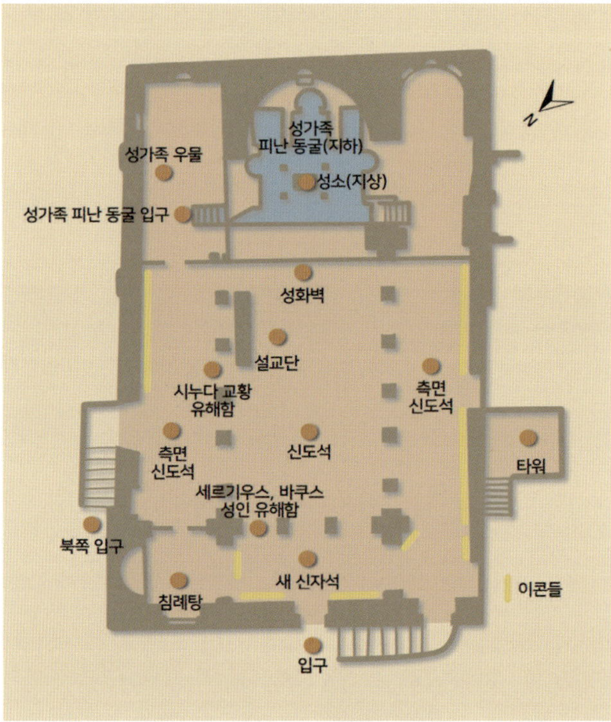

아기 예수 피난 교회 평면도

아기 예수님 피난처소. 바로 위에 교회의 성소가 있다.

아기 예수님의 우물(왼편)과 피난 동굴 입구(오른편)

이 교회에 들어서면 정중앙 바닥에 유리판으로 덮여있는, 깊이 1.4m, 가로세로 2.6*1.7m의 주현 침례탕(Epiphany tub)을 만난다. 전통적으로는 나일 강물에서 주현절[45] 침례 예식을 행하였지만[46] 1008년 El-Hakim이 그런 축하를 완전히 금지하는 법령을 공포한 이후 교회 내부에 주현 침례탕이 설치된 것으로 보인다. Epiphany는 '위로부터의 현현'을, Theophany는 '하나님의 현현'을 의미한다. 주현절에는 기독교인과 무슬림이 같이 강물에 뛰어드는 풍습이 있다. 정부에서는 안전상의 이유로 금지했지만 시골에서는 여전히 기념한다고 한다. 이 주현 침례탕은 교회 입

---

45) 콥트 정교회의 주현절은 1월 19일이다. 세례 요한에게서 예수님이 침례를 받은 날을 기념한다.

46) 매년 초에 얼음을 깨고 물에 들어가는 푸틴 대통령 이야기의 배경도 이 주현절 행사에 있다.

구(서쪽)의 중앙에 위치해 있는데 그 왼쪽(서북쪽) 벽면에는 침례탕이 자리하고 있다.

주현 침례탕

교회 입구의 주현 침례탕을 지나면 정면(동쪽)에 성소가 성화벽(iconostasis)에 가려져 있는 것을 볼 수 있다. 이 성화벽에는 성소로 들어가는 중앙 문 좌우측에 두 뼘 남짓의 정사각형 창이 있다. 예전에는 이 창이 성화벽 안쪽 성소에서 사제들이 성찬 빵(고르반)과 포도주를 신도들에게 나눌 때 사용했었는데 지금은 사제들이 성화벽 바깥 신도석 쪽으로 나와서 성찬을 나누기 때문에 그 창을 사용하지 않는다. 그래서 요즘 만들어진 성화벽에는 그 성찬용 창을 따로 내지 않는다.

교회 서북쪽 침례탕(주후 4세기)

이 창이 있는 성화벽(iconostasis)은 성소(sanctuary)와 신도석(nave)을 구분하는 기능을 하는데 주로 예수님을 안은 마리아 그리고 12 제자의 이콘이 그 상단에 나란히 배치되어 있다. 그리고 교회 건립과 관련이 깊은 성인들의 성화 역시 성화벽의 문 역할을 하는 휘장이나 기타의 자리에 배치된다. 성 세르기우스와 성 바쿠스의 성화는 교회 입구인 주현 침례탕 바로 앞에 세워져 있다.

콥트 정교회는 성화와 성인들의 유해를 담은 나무함(Relic)이 반드시 있다. 오래되고 전통이 있는 교회일수록 그 숫자가 많다. 하지만 성상은 거의 두지 않는다. 기독교가 이집트에 전파된 주후 1세기부터 교인들 사이에서 성화와 성상에 대한 생각이 서로 달랐던 것 같다. 성상과 성화를 대하는 동로마 정교회와 서로마 가톨릭 그리고 이집트 콥트 정교회 등의 태도에서 이러한 갈등은 필연적으로 드러날 수밖에 없었다. 여기서는 이 정도 소개에 그치려 한다.

교회 내부 전경

이 교회의 천장을 보면 아치 형태를 띠고 있는데 이는 구원의 상징인 노아의 방주를 본뜬 것이라 한다. 이런 천장은 공중 교회와 바르바라 교회 등에서도 볼 수 있다. 콥트 문화에서는 노아의 방주에 탔던 사람의 수가 8

이어서 숫자 8 역시 중요하게 여기는 것을 볼 수 있다.[47)]

역사적으로 보면, 이 교회에서는 여러 콥트 교황들이 선출되었고 많은 주교들이 서임을 받았던, 매우 중요하고 역사적인 교회이다.

주현 침례탕 왼편 앞에 있는 성 세르기우스와 성 바쿠스 이콘

⑪-3. 공중 교회(알 무알라까 교회)

바빌론 요새에서 오른편(남쪽)으로 조금만 가면 길 왼편에 공중 교회

47) 홀리스텝의 여정지 중에서 ⑯ 신전터(헤르모폴리스 마그나)가 고대 이집트에서 숫자 8을 의미한다. 초기 기독교 영지주의 '오그도아드' 역시 숫자 8과 관련이 있지만 콥트 기독교와의 관계는 필자가 알지 못한다.

입구가 있다.[48] 검색대를 통과하면 내부 진입로에서 타일 모자이크로 장식된 좌우 벽면을 볼 수 있다.

공중 교회 내부 진입로

이 좌우 벽에는 아기 예수님 가족, 모까땀 기적[49], 데미아나와 40인 처녀 이야기 등 이 교회에서 전하고 싶은 중요한 이야기들이 그려져 있어서 볼 만하다.

48) 위치: https://maps.app.goo.gl/BEvvuVhadNwcLD287

49) 모까땀 기적 이야기에 따르면 주후 979년 무슬림 통치자 알 무이즈(Caliph al-Muizz)에 맞섰던 62대 아브라함 교황이 카이로에 올 때 거처하였던 교회로 알려져 있다.

이 교회와 관련이 있는 모까땀 기적을 표현한 모자이크

이 길 끝에는 바빌론 성채의 보루 위에 얹혀 있는 공중 교회의 초입(첫 번째 포르티코 portico: 기둥으로 지지한 현관 지붕)으로 오르는 계단에 이른다. 계단의 숫자를 두고 여러 해석을 하는 경우도 있는데 여기서는 그런 내용을 생략한다.

이 계단을 올라서면 교회 앞 뜰까지 이어지는 복도를 만난다. 이 복도 벽면에는 역대 교황들과 콥틱 주요 인물들의 흑백 사진이 전시되어 있었지만 지금은 그 사진들을 뜰 옆 매점 벽면으로 옮겨서 게시하고 있다.

공중 교회는 주후 5/6 세기의 교회 모습을 가장 잘 드러낸다. 그런 점에서 초대 교회의 구조와 연결 지어서 공중 교회를 설명해 본다.

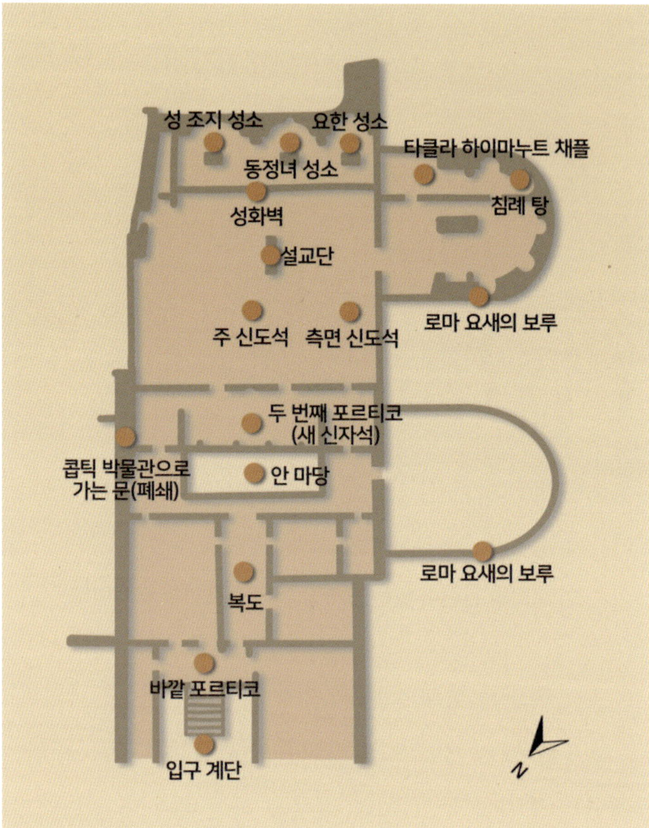

공중 교회 평면도

교회 안마당 중앙에는 작은 분수대처럼 생긴 정결 의식을 위한 5~6세기 때의 물그릇이 위치해 있다. 이 물그릇을 지나면 두 번째 포르티코(portico)를 만나는데 흑단과 상아로 하나님의 영원성과 예수님의 희생 등을 상징하는 장식이 있는 교회 출입문이 있다. 이 장소는 예비 신자석(NARTEX)이다. 박해가 있었던 초대 교회에서는 입교를 위한 교육 기간이 3년에 이를 정도로 길었다. 이 기간은 당시 모세오경과 시편을 병행해서 묵상하던 세례 교인의 일정과 일치한다. 하지만 이런 예비 신자 교육 기간은 얼마 지나지 않아 단축된 것으로 보인다. 이는 콘스탄티누스 1세 로마 황제가 밀라노 칙령(주후 313년)을 선포한 것과 관련이 있다. 로마에서 기독교를 포함한 모든 종교에 대한 관용이 선포된 것이 계기가 되어 기독교에 귀의하려는 사람들이 급격하게 늘어났기 때문이었다. 이 교회처럼 예비 신자석이 따로 구분되어 있다면 초대 교회의 모습을 간직하고 있다고 생각하면 크게 틀리지 않는다.

정결 예식을 위한 물그릇과 그 너머 두 번째 포르티코

예비 신자의 침례는 교회 내 서북쪽[50]에 있는 침례탕에서 행해지는 것

50) 이 장소는 예비 신자석 혹은 신도석의 왼쪽 끝이다. 아기 예수 피난 교회 서북쪽에서도 쉽게 그 침례탕을 확인할 수 있다.

이 일반적이었다. 이 침례탕은 주후 4세기까지 사각형이었다가 5세기 초에는 육각형, 팔각형, 원형, 십자형 등이 나타났다. 이 교회에서는 아기 예수 피난 교회와 달리 침례탕이 바로 보이지 않는다. 이 교회의 침례탕은 St. Takla Haymanut 채플(마리아와 24 장로 그림이 유명)의 우측편에 있기 때문이다.

이 예비 신자석을 지나면 신도석(NAVE)을 만난다. 이 교회를 포함한 이집트 교회는 진입하는 통로가 대부분 서쪽에 위치한다. 이는 성소가 동쪽 방향에 위치한다는 의미이다. 이런 전통은 알렉산드리아의 성 클레멘트, 오리게네스, 터툴리아누스와 같은 초기 교부들의 글에서도 확인할 수 있을 정도로 오래되었다.

이 신도석의 초입 부분 바닥에는 세족을 위한 대리석 그릇, 라칸(laqqan font)이 있다. 앞서 와디 엘 나트룬의 바라무스 수도원에서 보았던 것처럼 이 교회에도 성 목요일의 세족 의식을 기념하는 라칸이 있는 것을 확인할 수 있는데 이는 이집트 교회에서만 발견된다.

라칸이 있는 신도석 복도를 따라 동쪽 방향으로 나아가면 찬양대석(KHURUS)을 만난다. 이 장소는 예배 의식 때 찬양대 혹은 사제가 위치하는 공간인데 오래된 교회는 그 좌우편(남, 북쪽)에 벽감(niche)이 있어서 템페라 혹은 프레스코 기법의 성화들이 그 벽을 장식하고 있다. 일례로 와디 엘 나트룬의 시리아 수도원의 남북쪽 벽감에서 그 대표적인 그림들(수태고지, 주현 등)을 확인할 수 있다.

세족 의식을 위한, 신도석의 라칸(laqqan)

찬양대석은 성화벽과 접하고 있다. 이 성화벽에 난 중앙 문으로 들어가면 제대를 만난다. 이 제대의 위에는 성찬을 위한 포도주 그릇과 빵(고르반)[51]이 놓인다. 그리고 제대를 감싸고 있는 지붕은 네 기둥으로 지탱이

51) 이 빵은 발효시켜서 만든다는 점이 가톨릭 등과 다르다.

된다. 이 둥근 지붕은 시보리움(ciborium)이라 부르는데 천국을 상징하는 세라핌과 케루빔을 품은 주님의 이콘이 그려져 있는 경우가 많다.

공중 교회만의 독특성은 이 교회가 바빌론 성채의 보루들 위에 세워져 있다는 점이다. 그 앞뜰 부분과 예비 신자 자리가 보루 위에 얹혀 있고 신도석과 성소는 또 다른 보루 위에 얹혀 있다. 보루 위에 세워진 교회의 높이는 바닥의 두꺼운 유리를 통해서 혹은 찬양대석 우편 창문을 통해서 확인할 수 있다.

찬양대석에서 가장 먼저 눈에 들어오는 것은 5세기에 제작된 대리석 설교단이다. 이 설교단은 각각의 의미(그리스도, 12 제자, 두 복음서 저자 마가와 누가)가 담긴 15개의 작은 기둥이 받치고 있고 측면에는 팔메트 십자가가 부조되어 있다. 이 설교단은 이 교회가 총대주교좌로 사용될 때(교황 키릴 2세, 주후 1078~1092 재위) 건립되었다. 이 설교단 아래에는 모까땀 기적으로 기독교 신앙의 강인함을 증명했던 총대주교 아브라함(주후 975~978 재위)이 묻혀 있다.[52] 초대 교회의 이 설교단 구조는 훗날 이슬람 회당의 설교단 모형이 되었다고 한다. 교회 내부의 다른 부분들은 아기 예수 피난 교회와 비슷하다.

---

52) Christin Cannuyer(2001:69), Coptic Egypt : The Christians of the Nile, Thames & Hudson

⑪-4. 벤 에즈라 유대교 회당

벤 에즈라 유대교 회당은 아기 예수 피난 교회에서 나와 골목을 좀 더 안으로 들어가면 우측 편에 위치해 있다.[53] 이 회당은 그동안 개보수를 하느라 몇 년간 개방하지 않다가 2023년 9월에 다시 문을 열었다. 이 회당 자리는 아기 모세를 이집트 공주가 건졌고 성인 모세가 출애굽을 시작한 장소라는 전승이 있다.[54]

벤 에즈라 유대교 회당 외관

53) 위치: https://maps.app.goo.gl/7z91jfi47qZjU5oo8

54) 출애굽과 관련하여 토라에 '모세가 성에서 나가서 여호와를 향해 손을 펴매 그 손이 응답되더라'라고 기록된 바로 그 장소라고 한다.

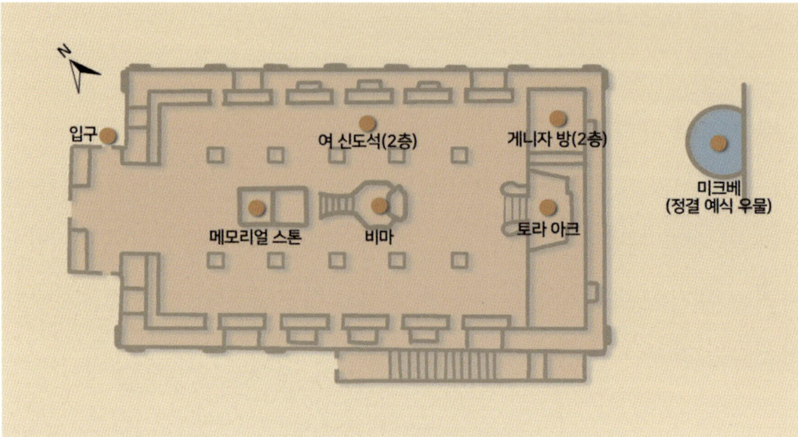

벤 에즈라 회당 평면도

이 회당에서 가장 주목할 것은 '카이로 게니자'라고 이름이 붙은 게니자 문서이다. 유대교 관습에 따르면 '하나님(YHWH)'[55]이란 단어가 쓰인 모세오경 두루마리, 탈무드 등을 폐기할 때는 7년마다 모아둔 문서들을 정중한 예식을 갖춰 매장한다고 한다. 특히 모세오경 등 성서의 두루마리는 낡거나 파손되었어도 그 거룩함은 변치 않는 '살아 있는 인격체'로 여겼다. 하지만 이곳에서 폐기되었어야 할, 천여 년 동안의 문서들은 폐기 이전의 보관소인 회당 2층 좌편의 게니자에 쌓이기만 했고 사람들은 그 존재 자체를 주목하지 않았었다. 이 문서들은 1892년 영국 케임브리지 대학 교수 솔로몬 셰크터(Solomon Schechter) 박사의 주도로 발굴되었고 1896년에 세상에 공개되었다. 솔로몬 교수는 약 28만 개의 유대교 필사본과

55) 이 글자는 180도 뒤집으면 아랍 문자 '알라'로 읽힌다. 신학적으로 하나님과 알라가 동일하지 않다는 주장이 있으나 이집트 기독교 예배당에서는 하나님을 알라라는 아랍어로 사용하고 있는 것도 현실이다.

편지, 랍비와의 상담 내용 등 생활 문서를 포함한 다량의 고문서들이 그 게니자에서 발견되었다고 발표하여 세상을 놀라게 했다.

토라 아크 좌측 상단에 위치한 게니자(geniza) 입구(원 안)

이처럼 다량의 문서들이 9~19세기에 걸쳐 보관될 수 있었던 배경에는 중세 시기 유럽의 많은 가톨릭 국가에서 추방된 유대인들이 대거 몰려들어 카이로가 전 세계 유대인의 중심 지역이 되었던 것도 기여를 했다.(주후 1480년 톨레도(알함브라) 칙령 참조) 카이로 게니자의 대표적인 문서는 에스라가 발견했던 '미완성 모세의 토라'와 신성한 문서들이다.[56] 이와 함께 수많은 편지들이 발견되었는데 대부분 870~1880년 사이 히브리어와 아랍어로 표기되어 있다. 이들 문서는 이집트 방언의 발달사에 대한 자료로도 아주 훌륭하고 당시 유대인들의 생활상을 살펴볼 수 있는 귀중한 자료들이다. 이 문서들은 현재 미국 유대 신학교에 4만 점, 영국 맨체스터의 존 라일랜즈 도서관에 11,000점이 보관 중이고 케임브리지 대학에도 다량의 문서가 보관되어 있다.

이 회당에서 중요한 몇 가지를 들면 다음과 같다.

- 유대 전승(Yuhanna 362)에 따르면 이 회당이 예레미야가 묻힌 무덤 장소
- 가젤 영양의 가죽에 기록된 주전 475년의 토라(Ata 41)
- '아므르 이븐 알아스'[57]가 이 회당을 방문했다는 내용을 담은, 쿠피체로 새겨진 널빤지

---

56) The Convent of Saint George(2016:107), The Journey of the Holy Family to Egypt and the District of Old Cairo, Harmony Press

57) 이집트의 무슬림 정복을 이끈 장수(주후 573~664)로 640~646년과 658~664년에 이집트 총독을 지냈다. 콥트 박물관 뜰에는 카이로 정복 때 이 장수가 처음으로 들어왔다는 문이 보존되어 있다.

유대인이 올드 카이로에 처음 유대인 회당을 지은 것은 주전 350년경 '선지자 예레미야 유대인 회당'이었는데 로마가 이집트를 점령하면서 주전 30년에 파괴되었다. 주후 8세기에는 콥트 기독교의 공중 교회 부속 건물로 사용되면서 성 미카엘 교회, 가브리엘 천사 교회라고 불리었다. 이 유대인 회당은 주후 882년에 그 소유자였던 콥트 정교회로부터 유대인 단체가 사들여 회당으로 개조해서 사용하기 시작했다.

회당은 크게 세 부분이다. 입구 쪽에 메모리얼 스톤(Mastaba)[58]이 있고 그 안쪽에 비마(Bimah, 토라 낭독과 설교를 위한 공간)가 있다. 제일 안쪽에는 토라 아크(Torah Ark)가 위치해 있다. 그 아크 벽면 상단에는 '야훼'라는 히브리 글자가 모자이크로 새겨져 있는데 그 히브리 글자를 180도 뒤집으면 '알라'라는 아랍 글자가 된다.

회당 건물의 뒤편에 보면 우물이 하나 있는데 이는 미크베(mikvah, 정결 의식 혹은 그를 위한 도구)를 위한 것으로 아기 모세를 건진 장소라 하여 '모세의 샘'이라고도 부른다.

58) 이 구조물이 누구의 무덤인지 회당 안의 안내문에는 밝히지 않았다. 일설에는 선지자 예레미야라고 주장하지만 확인할 수는 없었다.

회당 밖 정결의식을 위한 우물(미크베)

회당 밖으로 나와서 미크베까지 보면 벤 에즈라 유대교 회당은 모두 둘러본 셈이다. 이제 발길을 돌려 콥트 문화의 보물창고라고 할 수 있는 콥틱 박물관으로 가 보기로 한다.

⑪-5. 콥틱 박물관

바빌론 요새 바로 왼편에 출입구가 있는 콥틱 박물관은 입장료가 100파운드(한화 약 2,750원)로 다른 박물관 입장료에 비해 싼 편이었는데 2025년 6월에 다시 갔을 때는 280파운드로 거의 세 배가 올랐다. 게다가 현금은 받지 않고 신용카드로만 결제가 가능하였다.[59] 예전에는 촬영이 전적

59) 위치 https://maps.app.goo.gl/QToWMkNyJTeRCvut9

으로 금지되어 있었지만 2023년 방문했을 당시에는 휴대폰 촬영이 허용되었다. 덕분에 박물관의 유물들을 사진으로 소개할 수 있게 되었다.[60]

검색대에서 짐 검사를 마치고 나와 박물관 뜰에 서면 우측에 콥틱 박물관과 맞닿아 있는 공중 교회가 올려다보인다. 바빌론 요새의 뒤편을 자세히 볼 수 있는 것은 덤이다.

콥틱 박물관 외관

박물관 앞 뜰의 오른편에는 박물관 설립자 마르쿠스 시마이카 파샤(Marcus Simaika Pasha, 1864~1944)의 흉상이 놓여 있다. 그는 콥트 명문가 출신으로 콥트 기독교 유물들을 수집하는데 온 힘을 기울였다. 일제시대 우리나라의 유물들의 일본 반출을 막았던 간송 전형필 선생이 시마

60) 콥트 박물관 홈페이지 http://www.coptic-cairo.com/index.html

이카와 비견할 만하다. 콥트 기독교 유물들을 수도원 등에서 불쏘시개로 사용하는 등 그 중요성을 인식하지 못하고 있을 때 시마이카는 콥트 기독교의 유물들을 수집하는 데 온 힘을 기울였다. 그는 1910년에 공중 교회 옆에 위치한 장소에서 공식적으로 콥틱 박물관의 문을 열었고 1930년에는 국가 기관으로 승격되어 오늘에 이르렀다.

콥틱 관련 박물관으로는 이곳이 세계 최고이자 최대 규모를 자랑한다. 1992년 지진으로 붕괴되었던 박물관은 이집트를 대표하는 콥트 기업 오라스콤 등의 후원으로 2006년 6월 25일 완전히 새롭게 단장하여 문을 열었다. 지금은 매년 백만여 명이 박물관을 방문하고 있으며 지속적으로 그 수가 증가하고 있다.

이 박물관에는 나그 함마디의 문서들, 케일라의 그림들, 아이콘들 그리고 예레미야 수도원의 유물 등 주요 걸작품들이 전시되어 있다. 박물관 내부는 대표 작품실을 시작으로 1층에 1~9 전시실, 2층에 10~26 전시실이 배치되어 있다. 물론 각 전시실은 주제별, 지역별로 잘 분류되어 있다. 그중 중요한 내용 몇 가지를 소개하면 다음과 같다.

1. **'아담과 이브의 타락'**. 11관, 유물번호 3962.

창세기 3장에 나오는 아담과 이브의 타락을 묘사한 템페라 화법의 11세기 유물이 1933년 페윰의 한 중세 수도원 교회에서 발견되었다. 실물 크기(H: 172cm, W: 219cm)의 누드 인물은 타락 이전의 첫 커플 모습(오른편)과 벌거벗은 모습을 가리고 아담이 두 손가락으로 이브를 비난하는 장면(왼편)으로 구성된다. 이 그림은 이집트에서 타락을 주제로 한 유일한 그림이다.

2. 사카라에 있었던 **예레미야 수도원**은 이제 그 흔적을 찾을 수 없다. 다행스럽게도 그곳의 유물들 다수가 이곳 콥트 박물관에 보존되어 있다. 그중 하나를 들면 수도원 동쪽 벽에 있는 6/7세기 벽감이다. 이 그림의 상단은 그리스도께서 왼손에 성경을 들고 오른손으로 축복하는 모습이다. 그 하단의 중앙에는 아기 예수님을 안은 마리아가 앉아 있고 그 좌우편에 천사 가브리엘과 미카엘이 있다. 가장 왼쪽에는 예레미야, 오른쪽에는 에녹일 것으로 추정한다. 이와 비슷한 시기에 남부의 아폴로 수도원 역시 기도실 용도의 벽감에 그려진 6/7세기 템페라 그림이 있는데 그 인물 배치가 예레미야 수도원의 그것과 비슷하다.

3. **'황소 모습의 제우스와 그 아내 에우로파'** 조각은 헤라클레오폴리스 마그나(아니시아 알 마디나)에서 출토되었다. 이 유적지는 카이로에서 남쪽으로 110km 떨어져 있다. 파라오 시대에는 이 지역이 지역신 숫양 신 헤리셰프의 사원이 있는, 상 이집트 20번째 놈(행정 구역)의 수도였다. 그리스인들은 그 신을 헤라클레스와 동일시하고[61] 그 마을을 헤라클레오폴리스 마그나라고 이름하였다. 그리스-로마 시대에는 이곳을 헤라클레오폴리탄이라고 불렀다.

전승에 의하면 헤라클레오폴리스에는 3세기에 기독교 순교자들이 있었고 이곳의 주교 베드로가 325년 니케아 공의회에 참석하는 등 이곳 기독교 공동체가 이집트에서 상당히 중요한 역할을 했다. 1891년 아나스(Ahnas)에서 발굴 작업을 하던 중 에두아르 나빌(Edouard Naville)은 벽

61) 이 역시 습합(褶合)의 한 사례라고 할 수 있다.

감 머리, 장식 등이 있는 프리즈 조각, 기둥 일부 및 기둥 머리 등 많은 건축 조각품을 발견했다. 틈새 머리와 프리즈의 대부분은 아프로디테, 레다와 백조, 유로파와 황소, 오르페우스, 다프네, 판, 디오니소스, 헤라클레스의 탄생과 같은 그리스 신화에서 가져온 주제로 장식되어 있었다. 그 유물들은 3세기부터 5세기까지 그 연대가 다양하였다. 발굴자 나빌이 교회 유적에서 발견했기 때문에 이후의 미술사가들은 오랫동안 이 유물들을 기독교적으로 해석하려고 했다.

그러나 이 유물들은 이교에서 기독교로의 전환이 갑작스럽거나 최종적이지 않았고, 오히려 상당한 중복과 혼합이 있는 긴 과정이었음을 잘 드러낸다. 기독교가 이집트에 전파된 후 수세기 동안 콥트 기독교는 그들의 조상에게 친숙했던 신화적 주제에 기독교적 요소를 가미해서 활용해 온 것이었다. 즉 이교에서 기독교로의 전환은 이집트에서 갑자기 일어난 것이 아니라 '전환의 기간'이 있었음을 이 유물들은 말해 주고 있다.

4. 벽감 꼭대기의 **팔메트 십자가**. 유물번호 7991. 예레미야 수도원 출토. 6세기.

미트 라히나(멤피스)와 기자의 피라미드 사이에 위치했던 예레미야 수도원에서도 적지 않은 유물들이 출토되었는데 수도원 벽감 꼭대기의 팔메트 십자가가 눈에 띈다. 이 팔메트(palmette)[62] 역시 고대 이집트에서 유래했는데 그리스 미술을 거쳐 현대까지 활용되고 있는 장식 미술의 모

62) 콥틱 박물관 23관의 유물번호 5185 설명에서 '팔메트'란 용어가 나온다. 팔메트의 기원은 주전 2500년(위키피디아 '팔메트' 항목) 혹은 주전 16세기(간송미술 백과사전) 고대 이집트에서 유래되었다고 한다.

티프로, 종려나무 잎을 부채꼴로 편 모양과 유사하다. 콥트 기독교 유물들을 둘러보면서 이런 팔메트 모티브를 활용하고 있는 유물들을 확인해 보는 것을 추천한다.

5. 고대 이집트 생명의 상징물인 **'앙크' 속에 십자가**가 있는 장례 비석. 유물번호 8566. 아슈트의 엘 바다리 출토. 6세기.

6. **나그 함마디 코덱스.** 14관, 유물번호 10544. 왼쪽은 요한의 외경 끝과 도마 복음의 시작. 오른쪽은 '세계의 기원'이라는 작문의 일부인데 영지주의 신학의 영향을 받은 듯하다. 그리스어에서 콥트어로 번역된 것으로 추정한다. 나그 함마디 근처의 알 타레프 산에서 발굴. 4세기 후반.

7. **성인과 참회자**. 왼쪽부터 오노프리우스(Onophrius, 발목까지 늘어진 수염), 마카리우스(성령의 전달자), 대 아폴로(어깨 너머 망토와 두 개의 십자가), 파문 성자(Pamun). 정형화된 이목구비와 달리 헤어스타일과 턱수염으로 구분된다. 사카라의 예레미야 수도원, 6/7세기 작품.

8. **황금 십자가**. 유물번호 3482. 중앙은 부활의 증거로 상처를 보여 주시는 그리스도. 상하의 흉상은 4대 복음서 저자들이거나 성모 마리아(위)와 세례 요한(아래) 그리고 좌우는 성자로 추정한다. 주후 600~650년, 콘스탄티노플.

9. 콥트 정교회를 이해하는 키워드 중 하나는 **침례**와 관련된 내용이다.

침례 장소가 교회당 내부인지 아니면 밖인지, 침례탕이 매립된 형태인지 지면 위에 놓은 구조물인지 등을 구분하면서 관찰하면 개신교 세례와의 차이점을 좀 더 잘 알 수 있다. 그런 점에서 콥틱 박물관에서 본 사다리꼴 주두(柱頭, 대접받침, trapezoidal capital)가 유난히 눈에 띄었다(사다리꼴 주두로 만든 침례탕. 알렉산드리아 출토. 대리석. 6세기. 유물번호 7178). 다른 유물들이 주로 이집트 남부에서 발견되었던 것과 달리 이 유물은 알렉산드리아에서 출토되었다는 점도 주목할 만하다. 이런 사다리꼴 주두는 바구니 모양의 주두와 함께 지중해 전역에서 발견된다. 고대 후기에 이집트에 도착한 대부분의 대리석은 콘스탄티노플과 프로콘네소스(Proconnesos, 현재의 튀르키예 Marmara 섬)에서 왔다. 본래의 역할을 못 하게 된 주두들은 그 속을 파내어 세례반(baptismal font)으로 재사용하곤 했는데 바로 이 주두가 그 대표적 사례이다. 이 주두는 네 면에 생명나무 장식의 패널이 중앙에 있고 그 주변에 고리버들 세공 디자인이 싸고 있는 모습이다.

10. 박물관을 둘러보던 중 눈에 띄는 다른 그림 하나는 **'젖을 물리는 마리아'**(유물번호 7987, 6~7세기 예레미야 수도원)이다. 이처럼 아기 예수님에게 젖을 물리는 그림은 와디 엘 나트룬에 있는 시리아 수도원에서도 본 적이 있다.(9-4 '시리아 수도원' 참조) 1996년에 네델란드 라이덴 대학 고고학 복원팀이 시리아 수도원에서 최초로 발견한 이 그림은 교회의 입구 쪽이 아니라 성소의 우측 기둥에 있다는 점에서도 주목할 만하다. 이 그림은 이집트 중부 지역의 바윗 수도원 30호실의 그림과도 유사하고 같은 구도와 비문을 갖고 있다. 6~7세기로 추정하는 이 그림이 제작된 시기

는 예수님의 육신이 부패했는지에 대한 신학 논쟁 시기와 맞물린다는 점에서 단순히 젖을 물리는 사실 이상의 의미 즉 예수님의 인간되심을 강조하려 한 것 아닌가 한다. 이런 류의 그림을 14세기에 '서양 회화의 아버지' 조토 디 본도네(Giotto di Bondone, 1266~1337)가 처음 그렸다는 주장이 있으나[63] 이집트 수도원들에서 발견된 '젖을 물리는 마리아' 그림이 6/7 세기에 이미 존재한다는 것을 알지 못한 데서 나온 주장으로 보인다.

11. **성 바울(우)을 방문한 성 안토니우스 수도사(좌)**. 유물번호 3418. 그림 중앙의 까마귀가 평소 안토니우스의 식사를 물고 오는데 이날은 두 사람 분량을 가져왔다고 전한다. 올드 카이로 아부 세파인 수도원, 18세기.

12. 이와 더불어 꼭 소개하고 싶은 유물은 **'평화를 위해 소송을 제기하는 쥐들'**이라는 그림(유물번호 8441, 바윗 주의 아폴로 수도원, 템페라. 7/8 세기)이다. 뒷다리로만 걷는 쥐 세 마리가 고양이에게 다가가는 모습인데, 한 마리는 깃발을, 다른 쥐는 한 손에 약병을 다른 손에는 깔때기를 쥐고 있다. 세 번째 쥐가 오른손에 들고 있는 직사각형 개체는 두루마리일 가능성이 있다. 이처럼 해학이 넘치는 우화적 표현은 이집트에서 주전 1500년경까지 거슬러 올라가는 오랜 역사가 있다.

▶ 콥틱 박물관을 자세하게 모두 둘러보려면 적어도 아침 일찍 입장해

---

63) 가톨릭평화신문 제1807호(2025년 4월 27일) 기획특집 호기심으로 읽는 성미술 (22) 아기예수에게 젖을 먹이시는 성모(문채현 기자, 입력 2019.01.09.07:27 수정 2019.01.09.07:27)

서 문을 닫을 때(오후 4시)까지 꼬박 하루를 둘러봐야 한다. 구내식당이 있다고 표시는 되어 있지만 영업하지 않아서 따로 점심을 준비해 와야 한다. 필자는 하루 종일 관심 있는 유물들을 핸드폰으로 찍었는데 나중에 보니 550여 장 정도였다. 하지만 이 박물관의 총 유물은 16,000여 점이라고 한다.

⑫ 마아디 아다위야 교회

⑪ 올드 카이로 → ⑫ 마아디 아다위야 교회

예수 피난 교회에서 마아디 아다위야 교회까지는 7.5km 거리로, 예수님 가족은 한나절 정도를 이동하셨을 것이다.[64)]

이 교회의 정식 이름은 'Church of The Blessed Virgin Mary in Maadi'이다. 필자는 이 교회의 변별력을 위해, 중세 시대에 사용했던 이름인 '아다위야 교회'라 부르기로 한다.

그동안 육로로 이동하셨던 예수님 가족은 이곳에서 처음으로 배를 타

64) 위치: https://maps.app.goo.gl/iCJymzjMjsWGZJb36

고 남부 지역을 향해 떠나셨다. 그 여정을 위해 아기 예수님 가족이 배를 타러 나루터로 내려가실 때 밟았던 돌계단이 이 장소의 핵심 유물로 보존되고 있다.

2023년 5월 31일 저녁에 필자는 콥트 기독교인인 제자의 도움으로 아기 예수님이 이집트에 오신 것을 환영하는 나일강 퍼레이드에 참여할 수 있었다. 20파운드(한화 550원 정도)를 내고 배에 오를 수 있었는데 유람선 정도 크기의 배에 콥트 기독교인들이 교회별로 혹은 가족끼리 삼삼오오 앉아서 함께 찬양을 하는 모습을 볼 수 있었다. 나일강 한가운데로 나아가서 만난 펠루카[65]에는 아기 예수님과 그 가족 그리고 천사들로 분장한 사람들이 타고 있었다. 재연 장면임에도 불구하고 나일강에 떠 있는 아기 예수님의 배를 바라보는 것으로도 이천여 년 전 아기 예수님 상황에 몰입하게 하기에 충분했다. 그리고 그 배의 돛에는 아기 예수님 가족이 이집트에 오시는 장면이 그려져 있어서 더욱 분위기를 고조시켰다.

65) 이집트의 전통적인 돛단배. 지금도 나일강에서 관광용으로 운행하고 있다.

나일강 수상 퍼레이드

배를 타고 나일강 상류로 이동하는 아기 예수님 가족(재연)

마아디 나루터에서 펠루카를 타고 이동하시는 예수님(재연)

아기 예수님의 입애굽 기념 나일강 퍼레이드

아기 예수님의 입애굽 기념 예배를 집전하는 교황 타와드로스 2세(2023. 6. 1. 새벽)

매년 6월 1일 새벽이 되면 바로 이 계단 위에 세워진 제단에서 교황 타와드로스 2세의 집례로 아기 예수님의 입애굽을 기념하는 예배가 두 시간 넘게 진행된다. 2023년 6월 1일 필자는 콥트 교회의 배려로 초청장을 받아서 그 예배에 참석할 수 있었다. 예배 말미에는 아기 예수님이 타신 배를 상징하는 펠루카가 교회 난간까지 접근해서 이천여 년 전의 상황을 좀 더 실감 나게 재연하는 것을 볼 수 있었다.

아기 예수님의 입애굽 기념 예배 초대장

아기 예수님 가족 모습이 새겨진 돛을 단 펠루카와 그 기념 예배

아기 예수님 가족이 내려가신 돌계단 위의 입애굽 기념 예배 처소

1976년 3월 12일, 출처를 알 수 없는 성경 한 권이 나일강을 따라 흘러와서 마아디 성모 마리아 교회 아래 강둑에 닿았다. 이사야서(개역한글) 19장 25절 '나의 백성 애굽이여 (중략) 복이 있을찌어다'라는 구절이 펼쳐져 있었던 이 성경책은 현재 교회에 전시되고 있다. 이런 기적은 아기 예수님 가족이 이 장소를 지나갔다는 전승을 뒷받침한다고 믿고 있다.

아기 예수님 가족이 배를 타셨던 나루터였던 이 장소는 '마아디'라는 이름의 지역인데 그 이름 자체가 '나룻배'란 뜻을 가진 단어 메아데이야(معدية[meʕædˈdej.jæ])의 복수형이다. 즉 나일강 동편과 서편을 배로 이동할 때 배를 타곤 했던 장소였는데 지금은 좀 더 하류 지역으로 이동하였다.

나중에 아기 예수님 가족이 배를 탄 것을 기념해서 이곳에 성모 마리아에게 헌정된 역사적인 교회가 세워졌다. 이 교회는 알-아다위야 또는 나룻배의 성모 교회로도 알려졌다.[66] 중세 시대에 Maadi 지역은 Deir at-Tin(아랍어: دير الجين, 콥트어: ΠΙ ΜΟΝΑϹΤΕΡΙΟΝ ǸΠΙ ΟΜΙ 문자 그대로 '진흙 수도원')과 Deir al-Adawiya(아랍어: دير العدوية, 콥트어: ϯΚΑΛΑΒΗ)라는 콥트 수도원이었다.[67]

66) Samuel, Metadata to the Ancient Churches 121; Georgy 14. The Journey(2016:137)에서 재인용

67) 출처: 위키백과, "마디", https://en.wikipedia.org/wiki/Maadi(2025년 10월 31일 열람), CC BY-SA 4.0.에서 부분 인용

상 이집트를 향하여 출발하셨다.

아기 예수님 가족이 배를 타러 내려가셨다는 돌계단

이렇게 계단을 통해서 강가로 내려온 아기 예수님과 가족은 배를 타고 상 이집트를 향하여 출발하셨다.

III.
상 이집트

⑬ 멤피스(현 미트 라히나)

⑫ 마아디 아다위야 교회 → ⑬ 멤피스(현 미트 라히나)

마아디에서 배를 타신 아기 예수님 가족은 나일강 서편으로 건너가셨다. 이후 다시 걸어서 멤피스까지 이동하셨을 것이다. 카이로 마아디에서 이곳 멤피스까지는 16km 정도로 하루면 갈 수 있는 거리이다. 그 여정에서 아기 예수님 가족은 오른편에 우뚝 서 있는 기자의 대 피라미드를 두 번째로 보시지 않았을까 싶다. 기자의 피라미드들에 이어 사카라의 굴절 피라미드를 지나쳐서 아기 예수님 가족이 도착했을 당시의 멤피스의 풍경은 어땠을까?

멤피스 야외 박물관

아기 예수님 가족이 이집트를 방문할 당시 이스라엘과 이집트 모두 로마의 통치를 받고 있었다. 이스라엘은 헤롯 대왕이 죽기 직전이었고 이집트는 알렉산드리아가 대표적인 도시가 된 지도 얼추 삼백여 년이 흐른 뒤였다. 이런 시기의 멤피스를 헤아리려면 그 역사를 돌아볼 필요가 있다.

테베와 함께 상하 이집트의 중심 도시 역할을 하면서 그 위용을 뽐내고 있었던 멤피스는 주전 7세기 후반 앗시리아가 이집트 25 왕조를 멸망시킬 때 파괴되었다. 이후 그리스에 정복된 주전 4세기에는 인구 오십만에서 백만의 신도시 알렉산드리아가 지중해변에 세워지면서 멤피스는 그 중심 도시로서의 역할을 마저 빼앗긴 상태였다. 이집트는 알렉산더 대왕의 멤피스 점령(주전 332년)과 그 사후(주전 323년) 프톨레미 왕조의 통치를 받다가 주전 30년부터는 로마 제국의 속국이 되었다.

▶ 멤피스를 아기 예수 가족의 방문지로 소개하면 굳이 방문할 만한 장소인지를 종종 묻고는 한다. 그럴 만도 하다. 지금은 기자 피라미드에서도 서쪽으로 한 시간여 차로 이동해야 볼 수 있는 변방의 작고 초라한 박물관으로 남아 거의 존재감을 찾기 힘든 장소이기 때문이다. 12 세기 아랍 여행가 압둘 라티프 알바그다디는 그의 여행 가운데 멤피스만큼 커다란 파괴가 일어난 곳을 본 적이 없다고 기술할 정도였다.

하지만 이집트 역사에서 최초의 통일 왕국 수도였고 앗시리아에 파괴되기 전까지는 이집트 문명의 대표 도시 중 하나였다는 점에서 소홀히 여길 장소는 아니라고 본다. 멤피스는 이집트 1~6 왕조까지의 수도이고 상하 이집트를 최초로 통합한 메네스 왕이 건설한 도시였다고 한다. 이후 19 왕조 람세스 2세(주전 1313~1223년) 때 멤피스는 다시 수도의 지위를 찾았다. 테베로 수도가 옮겨 간 중왕국 시대에도 이곳은 상업, 무역, 예술 등에서 중심지 역할을 하였다. 주전 450년 헤로도토스는 멤피스의 조각상들과 궁전들을 소개하기도 하였다.

신왕국 때에 이곳 이름은 '멘네페르'라 했고 이집트 토속어(콥트어[68])로는 '멘페'였는데 그리스어의 영향을 받아 '멤피스'로 바뀌었다. 성경에서는 '놉'으로 불리었다.

> 예레미야 2:16 **놉**과 다바네스의 자손도 네 정수리를 상하였으니

---

68) 이집트 토속어(vernacular)와 콥트어를 등치시키는 것은 언어학 전공자인 필자의 주장이다. 이에 대해서는 따로 논할 자리를 기대한다.

예레미야 44:1 애굽땅에 사는 모든 유다인 곧 믹돌과 다바네스와 **놉**과 바드로스 지방에 사는 자에 대하여 말씀이 예레미야에게 임하니라

이런 점까지를 헤아리면서 이 장소를 둘러본다면 박물관의 유물들 너머로 멤피스의 존재감을 느낄 수 있을 것이다. 멤피스는 앗시리아의 침략으로 파괴되었고 로마 점령하에서 완전히 버림을 받았다. 한때 이집트의 수도였던 만큼 많은 유물들이 묻혀 있을 것으로 추정하지만 그 발굴은 다른 유적지에 비하면 요원하다.

10여 미터가 넘는, 람세스 2세의 커다란 입상 한 쌍이 1820년에 발굴되어 하나는 그랜드 이집트 박물관에 옮겨졌고[69] 다른 하나는 이곳에 전시되어 있다.

카이로 시내 명물 중 한 곳인 카이로 타워의 디자인은 여기 박물관에 있는 바로의 연꽃 석상과 흡사하다.

---

69) https://www.yna.co.kr/view/AKR20180126003200079

카이로 타워의 연꽃 문양 원형

람세스 2세 입상과 더불어 주목할 만한 동상이 박물관 건물 왼편에 자리한다. 프타 신과 그의 가족으로 구성된 입상이다. 중앙에 프타, 프타의 좌측에 그 아내 세크메트, 프타의 우측에는 그 아들 네페르템이 있다. 네페르템은 람세스 2세와 동일시된다.

연꽃 문양의 카이로 타워

▶ 박물관의 규모가 작기 때문에 40여 분 정도 둘러보면 충분하다. 지금은 대중교통으로는 접근이 불편하여 승용차를 이용하는 것이 가장 좋다. 필자가 살았던 마아디에서 출발하면 50여 분 정도 걸린다.

멤피스를 지난 아기 예수님 가족은 이집트 남부 즉 상이집트를 향한 어렵고 힘든 여정을 이어 간다.

⑭ 다이르 알 가르누스

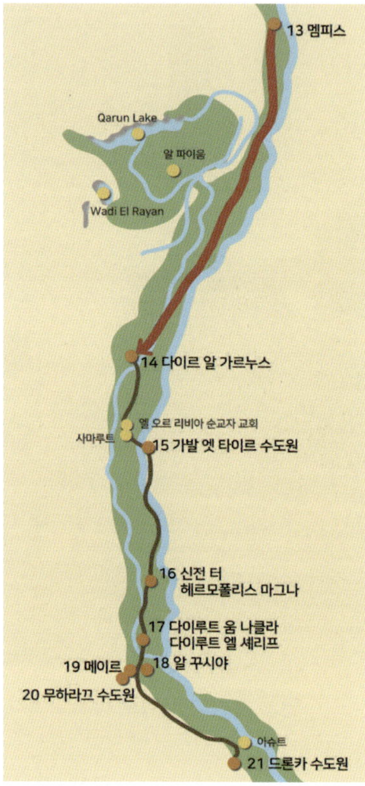

⑬ 멤피스 → ⑭ 다이르 알 가르누스

멤피스를 떠난 아기 예수님 가족은 11일 이상의 여정(165km) 끝에 이곳 다이르 알 가르누스에 도착한다.[70] 그동안 거쳐 온 장소들이 이처럼 멀

70) 위치: https://maps.app.goo.gl/Vrm2NYbWJYVj3mNe7

리 떨어져 있던 적은 없었던 것 같다. 이곳까지 아기 예수님 가족이 육로를 이용했는지 아니면 나일강을 이용했는지는 알려진 바가 없다.

이 장소를 언급한 최초의 인물은 주후 7세기 Anba Kyriakos, Bishop of Bahnasa이다. 역사학자 Al-Waqidi는 주후 823년에 아기 예수님 가족이 이용했다는 우물이 있었다고 기술하였다. 11세기에 역사학자 Mawhoob bin Mansour는 이곳이 예수님께서 거쳐 간 곳이라고 언급했다. 15세기에는 Maqrizi가, 16세기에는 Muhammad bin Iyas가 이곳에 우물이 있었다고 기록했다. 1673년에는 Vansleb, the Dominical monk가 우물이 있는 수도원이 있었고 사람들이 축복을 받기 위해 이 우물을 찾고 있었다고 언급했다.

최초의 교회는 주후 7세기 안바 키리아코스(Anba Kyriakos)가 돌보았다고 한다. 이후 이 교회는 파괴와 복원을 거듭하였다. 지금 교회는 주후 1924년으로 거슬러 올라가는데 그 뿌리는 초대 교회 시대로 거슬러 올라간다. 교회 벽에 순교자들을 기리는 사진들이 걸려 있는 것을 보면 이 교회도 최근의 테러에서 자유롭지 않음을 알 수 있다.

• 엘 오르 21인 리비아 순교자 교회

이곳은 아기 예수님의 피난 여정과 관련이 있는 곳이 아니다. 하지만 오늘날 이집트 기독교인들의 신앙을 단적으로 보여 주는 현장이라는 의미가 있어 추가해 본다.[71]

---

71) 위치: https://maps.app.goo.gl/4B1L4rjTGjS9Cwep8

엘 오르 리비아 순교자 교회 입구

이 교회의 공식 명칭은 'Church of the Martyrs of the Faith and Homeland'이다. '엘 오르 21인 리비아 순교자 교회'라는 이름은 방문지의 성격을 분명하게 하기 위해서 필자가 임의로 붙인 것이다. 이곳은 가발 엣 타이르에서 20km 북서쪽 방향에 있고 승용차로 30분 정도 거리이다.[72]

---

72) 이동 경로: https://maps.app.goo.gl/Z3gR453XPXbn2gNG6

2015년 2월 12일, 리비아 시르테 해변에서 이집트 기독교인 20명과 한 명의 가나 사람이 참수당하는 5분짜리 동영상이 IS에 의해 배포되었다. 이집트는 물론 전 세계 사람들은 충격에 빠졌다. 피해자들은 리비아 건설 현장의 이집트 노동자로, 가발 엣 타이르에서 북쪽으로 40여 분 차로 가면 나오는 조그만 마을에 사는 사람들이 다수(13명)였다.

콥트 교황청은 2015년 2월에 바로 이들을 성인으로 추대하였고 가톨릭 프란시스 교황도 2023년 '로마 순교록(Martyrologium Romanum)'에 이들의 이름을 올렸다. 이는 로마 가톨릭 순교자가 아닌 현대의 사람으로는 첫 사례라고 한다.

순교자 교회 실내 전경

IS에 처형당한 사실보다 더 주목할 것은 이들이 40여 일 동안 감금 상태에서 개종을 강요받았음에도 이를 이겨 냈다는 점이다. 같이 억류된 가나 노동자도, 이집트 기독교인 노동자들이 단 한 명도 흔들림 없이 자신들의 신앙을 굳게 지켜 내는 것을 보고 순교에 동참했다는 사실은 우리들에게 시사하는 바가 크다.

순교자 유품들

이러한 이야기가 구체적으로 세상에 드러난 것은 독일 작가 마틴 모세 바흐가 쓴 책 『21-콥트 순교자들의 땅에 다녀오다』(2019년 출판, 순교자의 소리)를 통해서였다. 그 작가는 참수당하는 그 순간에도 평온한 얼굴을 한 콥트 기독교인들에 주목했다. 기독교인도 아니었던 그는 이 믿을 수 없는 상황을 취재하기 위해 이들의 유족을 찾아다녔다. 그리고 이 순교자들이 리비아로 돈을 벌기 위해 떠난 소박한 노동자라는 사실과 순교의 상황을 언제든 받아들일 수 있는 믿음으로 살고 있었다는 사실을 독일 언론인의 입장에서 담담하게 기술하고 있다.[73)]

리비아 순교자와 콥틱 청년

73) 자세한 내용은 '한국 순교자의 소리' 누리집에서 확인할 수 있다. https://vomkorea.com/2019/10/17/vomk-report-74/

필자에게 콥트어를 가르친 하야트 여사 역시 만날 때마다 '순교할 준비'가 되어 있음을 말해 주고는 했었다. 그리고 코로나 시기에도 불구하고 평소처럼 어려운 형편의 아이들을 돌보다가 그의 바람대로 일주일 만에 천국으로 부름을 받았다. 필자가 이 글을 쓰게 된 동기도 순교 정신으로 충일한 콥트 정교회 모습을 널리 알려 달라는 하야트 여사의 유지에 마음 깊이 공감하기 때문이다.

순교자들의 동상

⑮ 가발 엣 타이르

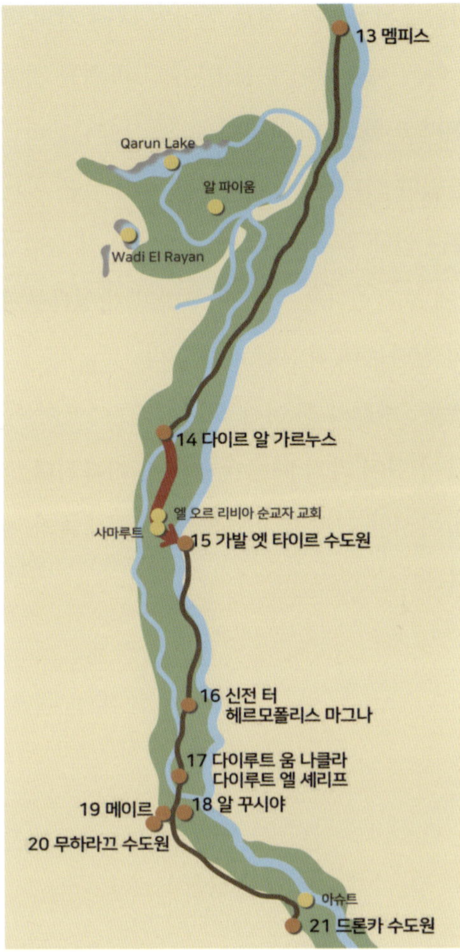

⑭ 다이르 알 가르누스 → ⑮ 가발 엣 타이르

다이르 알 가르누스에서 이곳까지는 44.5km로, 걸어서 이틀 정도가 걸렸을 것이다.[74] 주후 13세기 알렉산드리아 콥트 정교회 신부였던 아부 알-마카림(Abu al-Makarim, 주후 1208년 서거)이 전하는 콥트 전승에 따르면 아기 예수님과 가족들을 태운 배가 가발 엣 타이르의 높은 언덕 옆을 지날 때 그 기슭에서 바위가 배로 떨어져 내려 거의 죽을 뻔했다고 한다. 그 위험에서 아기 예수님이 손을 뻗어 그 바위를 막았는데 그 손자국이 바위에 새겨졌다고 한다. 그런 연유로 그 산을 Gabal el-Kaf 혹은 Palm Mountain이라 불렀다 한다. 예수님의 손자국이 남은 바위는 주후 1168년 시리아로 옮겼다는 언급[75]과 이집트와 시리아의 첫 술탄 살라딘이 옮겨서 알 수 없는 장소에 보관했다는 이야기 그리고 대영박물관에 보관되어 있다는 이야기 등이 전하는데 확인된 바는 없다.

가발 엣 타이르는 '새들의 산'이란 의미이다. 이곳이 철새 이동 경유지여서 수많은 새들이 쉬어 가기 때문에 붙여진 이름이다. 지금도 이집트는 아프리카 대륙과 아시아 그리고 유럽을 잇는 철새들의 이동 거점 역할을 하고 있다고 한다.[76]

---

74) 위치: https://maps.app.goo.gl/h6EM3rTAgFdCDUo67

75) Otto F.A. Meinardus(2008:79), Coptic Saints and Pilgrimages, The American University in Cairo Press

76) 유성환 교수님 페이스북(230523 게시)에서 인용. 2023년 6월 27일 열람

아기 예수님 가족이 기거하셨다는 동굴(수도원 내부)

여기까지 오신 예수님 가족은 벼랑 위 동굴에 며칠 기거하셨다는데 지금도 그 동굴이 남아 있다. 그 동굴은 후에 교회와 수도원을 세우는 계기를 제공하였다. 그 동굴은 아기 예수님과 가족이 머물렀던 다른 동굴들과 크게 다르지 않았지만 그 바닥에 '라칸(Laqqan/Lakkan)'이 있다는 점이 특이하다. 아마 라칸이 있는 아기 예수님의 동굴은 세계적으로도 유일하지 않나 싶다.

이 라칸은 예수님께서 제자들의 발을 씻어 주신 것을 기념하는 의식에 사용하는 물그릇으로 교회의 바닥에 대리석 등으로 우묵하게 만든 구조물이다. 이 세족 의례는 콥트 정교회에서 일 년에 세 번, 특히 성 목요일에 지금도 기념하고 있는데 겸손, 봉사 그리고 예수님의 사랑과 섬김의 본을 따르라는 부르심을 상징한다. 이 의식에 사용되는 물그릇은 세계 기독교 유적 중 이집트 고대 교회에서만 찾아 볼 수 있는 유물이다. 이 라칸은 이 교회 중앙에서 하나 더 확인할 수 있다.

수도원의 중앙 바닥에 있는 또 다른 라칸

로마의 콘스탄티누스 대제의 어머니 헬레나가 주후 328년에 이곳에 '도르래 수도원(Deir al-Adhra)'과 교회를 건축하고 성모 마리아에게 헌정하였다 한다. 이 교회는 한 덩어리의 커다란 바위를 파서 만들었다는 점에서 인상적이다. 그래서 이 교회에는 12개의 매우 굵은 기둥이 하나로 이어져 있는 것을 볼수 있다. '도르래'란 이름은 백여 미터 위 언덕에 있는 이 수도원에 접근할 수 있는 방법이 도르래뿐이어서 붙은 것이다. 이 수도원으로 오르는 계단은 13세기 초에 건축되었다.[77)]

77) Otto F.A. Meinardus(2016:213), Two Thousand Years of Coptic Christianity, The

100여 미터 벼랑 위의 '데이르 알 아드라'(도르래 수도원)와 홀리 패밀리 호텔

▶ 필자는 2023년 5월 이곳에서 열리는 축제를 보기 위해서 카이로에서 민야로 가는 기차에 올랐다. 수도원 바로 옆의 '홀리 패밀리 호텔'에서 민야 역으로 마중 나온 분의 승용차를 이용해서 수십 만 축제 인파를 뚫고 수도원 마당에 있는 호텔에 도착할 수 있었다. 이 시기에는 홀리 패밀리 호텔 관련 차량만 검문소를 통과할 수 있다 하였다. 그래서인지 이틀 숙박비는 성수기 요금이 적용되어 거의 이집트 대학 졸업자의 한 달치 임금에 해당하는 돈을 미국 달러로 지불해야 했다.

사흘 동안 머물면서 필자는 막바지를 향한 축제 현장을 볼 수 있었다. 호텔 앞마당은 교회와 같이 쓰고 있는데 이곳에 무대가 설치되어 있었다.

American University in Cairo Press

여기에서 밤 10시부터 새벽 4시 반까지 콥트 찬양대가 마당을 가득 메운 사람들과 함께 찬양을 쉬지 않고 계속하였다. 이런 찬양은 축제가 열리는 열흘 내내 밤마다 계속된다고 한다. 하룻밤의 찬양 집회를 마무리하면서 수도원을 향해 두 손을 들고 부르는 '오 주여, 우리를 불쌍히 여기소서'라는 찬양은 지금도 귓가에 쟁쟁하다. 흔히 콥트 기독교의 찬양이 느리다는 이야기를 하지만 여기에서 들었던 찬양들은 매우 활기차고 박자도 빠른 것을 경험할 수 있는 귀한 시간이었다.

밤새 찬양하는 모습

기둥을 파서 만든 아기 침례탕

수도원 방문은 참배객들이 너무 많아서 한쪽 입구는 입장 전용으로, 다른 한쪽 입구는 출구 전용으로 활용하고 있었다. 커다란 바위 한 덩어리를 파서 만든 이 수도원에는 그 기둥 중 하나가 아이 한 명이 들어갈 정도만큼 속이 파여 있었는데 영아 침례를 위한 것으로 보였다. 이 기둥 침례탕을 보면서 콥트 박물관에서 보았던 알렉산드리아 주두(柱頭) 침례탕이 연상되었다. 이처럼 예사롭지 않은 침례탕들을 보면서 초대 교회 이집트 기독교인들이 침례에 대단한 애정을 쏟고 있지 않았나 싶다.

다른 한 건물에도 사람들이 유난히 많이 모여 있어서 들어가 보니 영아 침례식이 진행되고 있었다. 이 건물은 침례를 위해서 지어진 침례소였던 것이다. 축제 기간 중에 필자는 영아 침례탕이 마련된 그 침례소에서 그 침례 현장을 지켜볼 수 있는 행운을 얻었다. 침례탕 앞에는 스테인리스로 된 테이블이 길게 놓여 있어서 아이들을 뉘여 놓을 수 있도록 했다. 남아는 4개월, 여아는 8개월이 되면 침례를 받는데 아이 어머니도 같이 정결 의례를 치른다. 어머니들은 손을 들고 침례탕을 등지고 서쪽을 향해 서서 사제의 질문에 답하였다. 이는 귀신을 물리치는 의식이었는데 이 과정이 끝나면 사제를 향해 동편으로 돌아서서 아이의 옷을 벗기고 침례 준비를 한다. 아이는 사제가 안전하게 들어 올려 침례탕에 세 번 담근다. 첫 두 번은 배와 목까지 담그지만 마지막 세 번째는 머리까지 모두 물에 담근다. 이후 아이를 테이블에 눕히고 물기를 닦은 다음, 사제가 성유 마이론으로 온몸에 성호를 긋는다.[78] 그 의식이 끝나면 아이 부모는 미리 준비한 왕/왕비같은 복장으로 갈아입히고 화려한 모자를 씌운다. 이 복장에 사제가 목에 붉은 띠를 둘러 묶어 주는데 이는 하나님의 군사가 되었다는 의미라고 침례를 집례한 신부님께서 설명하셨다. 이 의식이 모두 끝나고 침례소를 나가면 기다리고 있던 이집트 전통 취악대가 앞장서서 길을 행진하며 아이의 침례를 축하한다.

78) 성호를 긋는 횟수가 36번이라고 한다.

침례를 받으며 사제와 눈을 맞추며 웃는 아이

서쪽을 향해 축사(逐邪)의 선서를 하는 어머니

침례 후 모습

침례 후 하나님의 용사임을 상징하는 붉은 띠를 영아에게 매어 주는 장면

취악대와 함께 하는, 세례 후 축하 행렬

매년 5월 중에 열리는 이 축제는 열흘 동안 연인원 삼백여 만 명이 참여하는 매우 큰 규모로, 수도원 주변 마을까지 축제의 장으로 바뀌는 것을 볼 수 있다. 아쉬운 것은 이런 큰 축제의 현장에 필자를 제외하고는 외국인을 한 사람도 찾아 볼 수 없었다는 점이다. 향후 많은 외국인들도 이 축제에 참여해서 이런 콥트 기독교의 문화를 체험하면 좋겠다는 생각을 해 본다. 이 축제에 대한 정보를 전혀 얻지 못하고 방문했었지만 그 사흘은 무엇과도 바꿀 수 없는 값진 것들을 얻을 수 있는 기회였다.

찬양 축제 기간에 열리는 장터

축제 참가자를 위한 주차장. 끝이 보이지 않는다.

이렇게 기대가 크지 않았지만 많은 것들을 느꼈던 경험은 이후 방문할 장소에 대한 기대를 더 크게 하였다. 왜냐하면 다음에 방문할 장소가 마태복음 2장 19, 20절[79]과 관련되어 있기 때문이다.

79) 마태복음(개역한글) 2:19 헤롯이 죽은 후에 주의 사자가 **애굽에서** 요셉에게 현몽하여 가로되 20. 일어나 아기와 그 모친을 데리고 이스라엘 땅으로 가라 아기의 목숨을 찾던 자들이 죽었느니라 하시니

⑯ 신전 터(헤르모폴리스 마그나, 알 아쉬무네인)

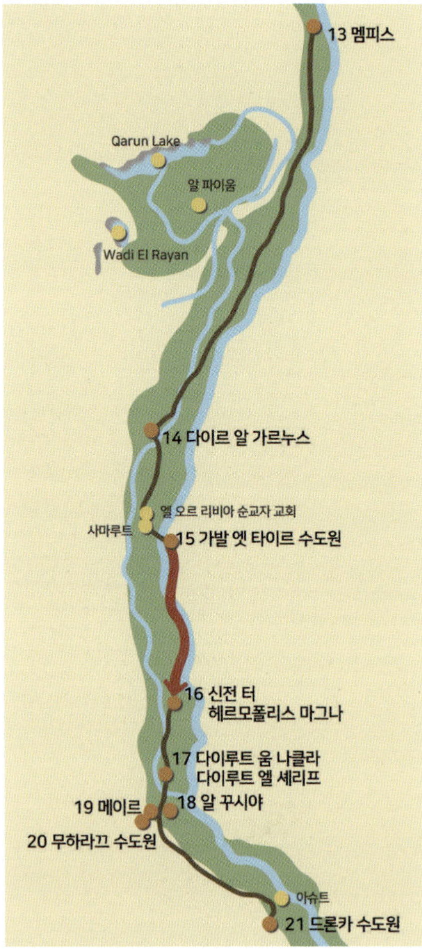

⑮ 가발 엣 타이르 → ⑯ 신전 터

가발 엣 타이르에서 남쪽으로 2km 정도 내려오시다가 아기 예수님은 경배의 나무(Shagaret al-Abed(شجرة العابدين), worshiper tree)라고 불리는 월계수(laurel tree)를 만나셨다고 한다. 그 나무는 지면을 향해서 가지를 뻗다가 다시 하늘로 향하는 모습을 하고 있었고 푸른 잎이 무성했는데 아기 예수님이 그 곁을 지날 때 절을 하였다 한다. 이 나무의 잎과 껍질, 열매 등은 많은 질병을 치유하는 데 사용되었다.

아기 예수님 가족은 가발 엣 타이르에서 57km를 나흘 정도 걸어오셔서 이곳에 도착하셨다.[80] 아기 예수님이 방문했을 당시 이곳이 신전으로서의 기능을 하고 있었는지는 알 수 없다.

알 아쉬무네인의 신전 터

이곳은 처음 옥스퍼드 대학팀이 발굴 작업을 시작했고, 이후 1989년에는 독일 역사가 Peter Grossman의 발굴 작업을 통해 많은 고대 건물과 기

80) 위치: https://maps.app.goo.gl/fv5o3pF7BRQxzVUYA

념품들이 발견되었다. 그중 바실리카 양식의 거대 신전 기둥들은 주목할 만하다. 본래 바실리카는 공공 목적의 대규모 건물을 지칭했는데 이 건축물들은 기독교가 공인된 이후 초기 교회 건물 양식이 되었다.

이곳은 고대 이집트 언어로 '콤노'로 불리는데 이는 숫자 8을 의미한다. 숫자 8은 이곳에 거주하는 8명의 신들 '오그도아드(Ogdoad)'에서 유래되었다. 하지만 콥트 기독교에서는 노아의 방주에 탔던, 구원받은 사람들 숫자 8과 연관 지어 구원의 이미지를 부여한다.

헤르모폴리스(Hermopolis)라는 지명은 그리스 올림포스 12신 중 하나인 '헤르메스'와 관련이 있다. 이 헤르메스는 이집트의 지혜의 신 토트와 결합한 '헤르메스 트리스메기스투스(Hermes Trismegistus)'라는 혼합주의 인물로 탄생했다. 이런 혼합주의의 대표적인 상징으로는 알렉산드리아의 습합신(習合神)[81] 세라피스(Serapis)를 들 수 있다. 아프리카 최초의 복음 전파자 마가 요한이 알렉산드리아에서 순교를 당할 때 그 가해자들이 바로 세라피스 신봉자들이었다.

고왕국 시대부터 지방 수도였던 이곳 헤르모폴리스는 로마 시대 이집트의 주요 도시 중 하나였다. 이후 3세기부터는 초기 기독교 중심지로 발전했다. 아부 알 마카림은 아쉬무네인 지역이 순교의 시대에 많은 순교자들의 피로 흠뻑 적셔졌다고 기술한다.

---

81) 습합(syncretism)은 '철학이나 종교 따위에서, 서로 다른 학설이나 교리를 절충함'(표준국어대사전)이다. 지배층 혹은 상층 문화인 그리스 문화가 기층 문화인 이집트 문화와 절충할 필요에 따라서 세라피스가 만들어진 것이다.

⑰ 다이루트 움 나클라(아슈트)

가발 엣 타이르에서 이곳까지는 25km 정도로, 이틀 정도 도보로 이동해야 한다.[82)]

헤르모폴리스 마그나에서 남동쪽 방향으로, 도보로 한나절 정도가 걸린다. 아기 예수님 가족이 이곳에서 많은 날들을 머물렀다고 한다. 사라바몬 수도원 안에는 예수님 가족이 그 그늘 아래 휴식을 취했다는 '마리아의 나무'가 있다.

• 다이루트 엘 셰리프(Dairout al-Sherif, Assiout)

다이루트 움 나클라에서 이곳까지는 18.4km로, 걸어서 하루 하고 한나절 정도 걸린다.[83)]

아기 예수님 가족은 이곳에서 많은 날들을 머물렀다고 한다. 이때 마을에 결혼식이 있었는데 신부가 귀신 들려서 벙어리처럼 바보가 되었다 한다. 그 신부가 아기 예수께 달려가 입을 맞추니 귀신이 물러가 바로 온전해져서 하나님을 찬양했다는 전설이 전한다. 성 필로파티르 교회가 축복받은 가족의 통과를 기념하고 있다.

---

82) 경로: https://maps.app.goo.gl/7CfqpWTVeoXChkj69

83) 경로: https://maps.app.goo.gl/Z96xnuSisaZ9xaMC8

⑱ 알 꾸시야(Al-Qoussia)

다이루트 움 나클라에서 35km이며 걸어서 7일 정도 걸린다.[84)]

다이루트 움 나클라 → 다이루트 엘 셰리프 → 알 꾸시야[85)]까지는 36.6km 거리로, 사흘 정도 걸어야 한다. 아기 예수님 가족은 이곳에서 열흘간 머물렀다고 한다.

⑲ 메이르(Meir)

알 꾸시야에서 7.8km 떨어져 있어서 도보로 한나절 거리이다. 이곳은 비옥한 토질의 지역이어서 '불운한 자들은 메이르에서 경작해도 불운하다'는 속담이 있다.

---

84) 경로: https://maps.app.goo.gl/JvsWgZJFP3vwUDfN9

85) 경로: https://maps.app.goo.gl/GF21JbUZuvxjJbDK9

⑳ 알 무하라끄(Al-Muharraq) 수도원

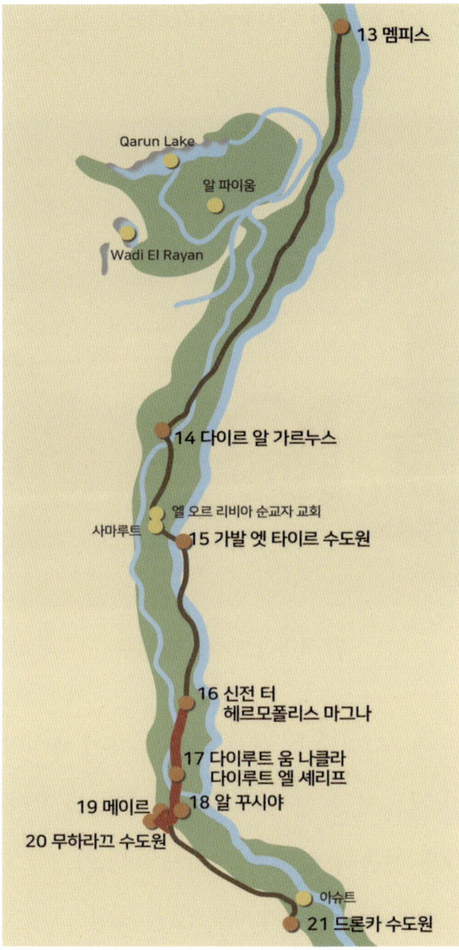

⑯ 신전 터 → ⑳ 무하라끄 수도원

메이르를 떠난 아기 예수님 가족은 이곳까지 8km를 한나절 동안 이동하셨다.

가발 엣 타이르부터 그 이동 경로를 정리하면 신전 터 헤르모폴리스 마그나 → 다이루트 움 나클라 → 다이루트 엘 셰리프 → 엘 꾸시아 → 메이르 → 알 무하라끄 수도원까지 121km 거리로 8일 정도의 도보 거리이다.[86)]

알 무하라끄 수도원 입구

6개월 5일 정도 예수님 가족이 머문 이곳은 아기 예수님의 피난 여정 가운데 가장 중요한 경유지 중 하나이다. 우리에게 잘 알려진, '주의 사자가 **애굽에서** 요셉에게 현몽하여(마태복음(개역한글) 2장 19절)'의 '애굽'이 구체적으로 이곳 가발 꾸스깜이기 때문이다. 또한 '그날에 **애굽 땅 중앙에는** 여호와를 위하여 제단이 있겠고'(이사야 19장 19절)의 '중앙' 역시 이곳

86) 경로: https://maps.app.goo.gl/SZzdKtuu19z9sV6U7

이기 때문이다. 그런 중요성 때문인지 이곳은 '제2의 예루살렘/베들레헴'으로 불리고 있다. 예수님은 6개월 5일 동안 이곳에 머물면서 이 근처에 사는 아픈 사람들과 악령에 시달리는 많은 사람들을 낫게 하는 이적을 행했다고 한다. 예수님이 머무셨던 이곳은 수도원이 생긴 뒤 교회가 세워졌고 이 교회의 돌 제단은 가장 오래되었다고 전해진다.

오래된 마리아 제단(주후 746년)

예수님은 떠나기 전에 이곳을 축복하였다 하는데 이는 이사야(개역한글) 19:25 '나의 백성 애굽이여 (중략) 복이 있을찌어다'의 실현이라고 이집트 기독교인들은 믿고 있다. 주후 4세기 테오필루스(Theophilus) 23대 콥트 교황은 이곳까지의 아기 예수님의 피난 여정을 기록하였는데 '테오필루스의 비전'이란 책으로 전해져 온다.

이 수도원은 공주(共住) 수도원(Cenobitic monastery)의 창시자 파코미우스(Pachomius, 주후 292~346년)[87] 수도사가 4세기 중반에 건축했을 것으로 추정한다. 주후 481년에는 이 수도원 안에 고대 요새(keep)가 건축되었는데 제논 왕(King Xenon)이 야만 부족으로부터 수도사들을 보호하기 위해 지어 주었다 한다.

요셉의 친척 요세의 유해가 발굴된 장소

87) 파코미우스 수도사가 54년을 살아서 단명하다고 생각하기 쉽다. 안토니우스 수도사(주후 251년경~356년경) 105세, 와디 엘 나트룬의 마카리우스 수도사(주후 300년경~391년)의 91세 등에 비하면 분명 단명했다. 하지만 우리 나라의 조선 왕조 왕들의 평균 연령이 46세라는 사실과 비교해 보면 파코미우스 수도사의 54년이 결코 단명한 것이 아니었다. 오히려 이집트 수도사들이 놀라울 정도로 오래 산 것이라는 것을 알 수 있다. 물론 이집트 수도사들이 모두 장수한 것은 아닐 것이므로 일반화시킬 일은 아니다.

이곳에는 전해 오는 다른 이야기가 하나 있다. 아버지 요셉의 친족 요세(Jose)가 팔레스타인에서 이곳까지 찾아와 헤롯의 만행을 전하였는데 아기 예수님이 그 요세를 축복하였다 한다. 하지만 요세는 이곳에서 숨을 거두었다고 한다. 그동안 이야기로만 전해지던 요세의 무덤은 2001년 성모 마리아 교회 개축 중 교회 바깥쪽 창틀 아래에서 발견되었다. 발굴 당시 요세의 신원을 확인하는 데 이스라엘 복식이 중요한 역할을 했다고 한다.

2023년 8월 하순에 CBS 취재팀과 함께 방문했을 때는 축제 기간이었다. 헌물을 접수하는 사무실에는 송아지와 양 등 헌물을 가져온 신자들이 접수를 기다리고 있었다. 고대 교회에서는 복장이 특이한 한 유목민을 만났는데 본인을 부족장이라고 소개하였다. 그는 기독교인이 아니었다. 기독교의 축제에 왜 왔느냐는 질문에 그는 기독교의 축제는 곧 무슬림들의 축제라고 생각해서 이를 축하하기 위해서 왔다고 답해서 기억에 남았다.

오른편 헌물 접수처에 등록을 기다리는 신자들과 양들

자신을 족장이라고 소개한 유목민. 무슬림이지만
기독교 축제를 축하하기 위해서 왔다고 한다.

㉑ 드론카 수도원(아슈트)

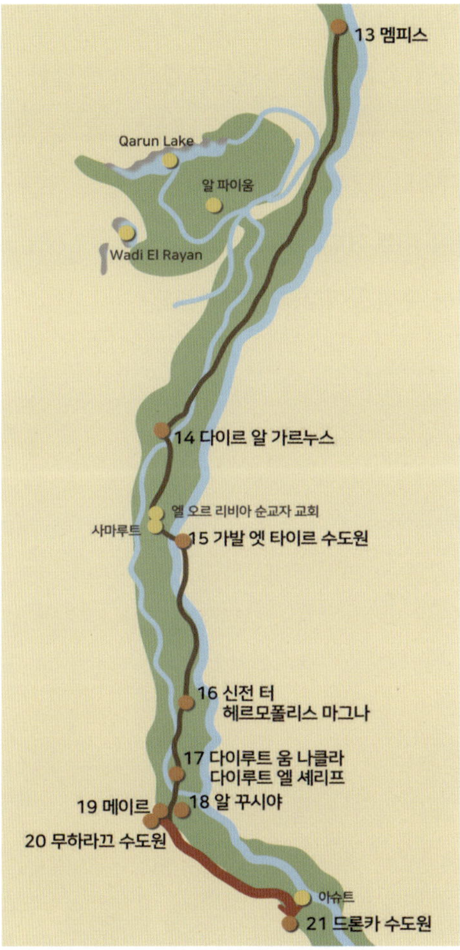

⑳ 무하라끄 수도원 → ㉑ 드론카 수도원

드론카 수도원은 꾸스깜 산에서 남쪽 방향으로 57.2km 떨어져 있어서

걸어서는 나흘 거리이다.[88]

전승에 따르면, 이집트 여정 중에서 아기 예수님 가족이 남쪽으로 향하던 발걸음을 멈춘 마지막 장소가 여기였다. 아기 예수님 가족은 나일강 범람이 끝날 때까지(필자의 추정) 이곳에 6개월간 거주하였다 한다. 아기 예수님이 이곳에 오셨을 때는 베들레헴에서 출발한 지 3년 전후가 되지 않았을까 한다. 그렇다면 예수님의 나이는 네 살 전후가 아니었을까 싶다. 수도원 입구의 배너를 보아도 아버지 요셉을 돕는 예수님을 묘사하고 있다. 예수님이 머무셨던 곳에 지금은 'Convent of the Virgin Mary in Mount Assiut'라는 수녀원이 자리하고 있다.

아버지 요셉을 돕는 예수님 그림(수도원 입구)

---

88) 경로: https://maps.app.goo.gl/wgHsRr54bC2uYU566

수도원 동굴 내부

아기 예수님이 머무셨다는 장소

수도원에서 내려다본 나일강 주변

올려다본 드론카 수도원

주후 1세기 당시 이곳 아슈트는 배들을 위한 항구였다. 나일강의 범람이 잦아들어 배들이 정상적으로 운항을 할 수 있을 때까지 기다린 예수님 가족은 이곳에서 배를 타고 다시 바빌론 요새를 거쳐 팔레스타인 땅을 향해 이동을 시작하셨을 것이다.

이 수도원은 해수면보다 100여 미터 높은 산비탈에 동굴 형태로 있다. 그래서 1963년 아스완 댐이 담수를 시작하기 전까지는 매년 나일강의 범람을 피해 사람들이 이곳 수도원으로 대피하고는 했다. 필자를 안내해 주셨던 비쇼이 수도사께서도 어렸을 적 나일강의 범람과 그에 따른 주민들의 대피 모습을 또렷이 기억하고 계셨다.

IV.
출애굽: 드론카에서 나사렛까지

아기 예수님의 팔레스타인 귀환은 모세의 출애굽에 이어 두 번째 출애굽이라는 의미 있는 사건이었다. 나사렛까지는 구글 지도상으로 1,193km 거리로 주 5일 이동한다면 4달 정도가 걸린다. 이는 주말 이틀을 빼고 계속 이동한다고 했을 때 걸리는 기간이다. 따라서 실제로는 그보다 훨씬 더 오래 걸렸을 것이다.

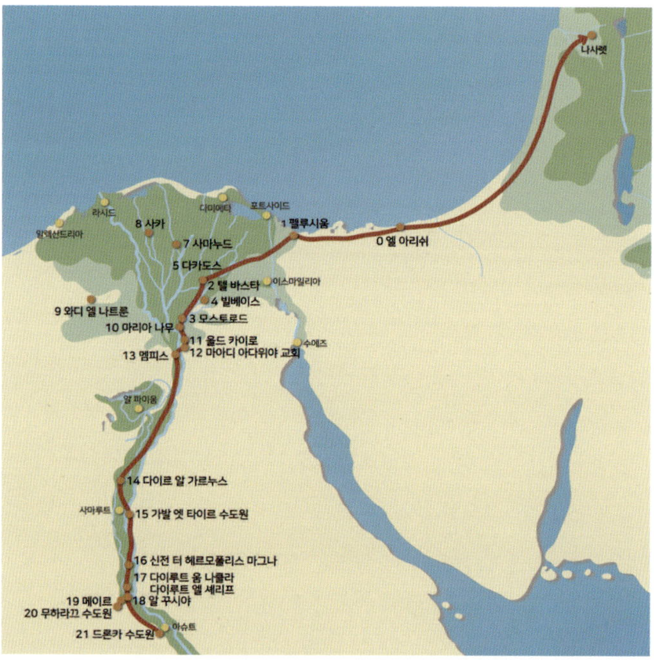

드론카에서 나사렛으로 가신 길(추정)

아기 예수가 방문하고 축복을 하신 나라는 이집트가 유일하다는[89)] 자부심이 이집트 기독교인들에게는 크게 자리하고 있다.

CBS 창사 70주년 특별기획 '이집트로 간 예수' 2부, 다우드 대 신부님 인터뷰

---

89) 2024년 3월 28일, CBS 창사 70주년 특별기획 '이집트로 간 예수' 2부, 인터뷰 중 다우드 대 신부님의 언급에서 인용. https://www.youtube.com/watch?v=yilD0ITULo4&t=92s

드론카를 출발한 아기 예수님 가족은 배를 타고 카이로에 가까운 멤피스를 거쳐서 올드 카이로의 아기 예수 피난 동굴을 지나 시나이 그리고 나사렛에 이를 때까지 여정을 이어 가셨다. 이 여정을 통해서 아기 예수님 가족이 다녀가셨던 장소들은 이집트에 대한 무한하고 끝없는 큰 축복을 나타낸다.

이렇게 해서 아기 예수님 가족의 이집트 피난 여정은 막을 내린다. 하지만 이 여정의 여운은 삼십여 년 뒤 오순절 마가의 다락방에 있었던 이집트 사람들에게서 되살아났다.

> 사도행전(개역한글) 2:10 브루기아와 밤빌리아, **애굽**과 및 구레네에 가까운 리비야 여러 지방에 사는 사람들과 로마로부터 온 나그네 곧 유대인과 유대교에 들어온 사람들과 11 그레데인과 아라비아인들이라 우리가 다 우리의 각 방언으로 하나님의 큰 일을 말함을 듣는도다 하고

제자들은 오순절에 한곳에 모여 있던 중에 성령의 충만함을 받았다. 하지만 이 자리에 있었던 이집트에서 온 사람들에게만큼은 그동안 잊고 있었던, 아기 예수님 가족의 이집트 피난 여정에 대한 기억을 일깨웠을 것이다. 예수님의 십자가 사건과 부활 그리고 성령님의 충만함이 삼십여 년 전의 아기 예수님의 이집트 피난 여정과 맥이 닿아 있었던 유일한 사람들은 이집트에서 온 사람들이었다. 그러니 성령님의 강림은 이집트 사람들에게는 더 특별한 경험으로 다가왔을 것이다. 그 경험은 마가 요한에 의해서 알렉산드리아에서 그 불을 지핀다.

아기 예수님의 이집트 피난 여정은 끝났지만 그 예수님의 십자가 사건이라는 불씨는 알렉산드리아를 시작으로 이집트 전역에 들불처럼 퍼져나갔다.

여기서는 아기 예수님 가족의 이집트 피난 여정이 밑거름이 된, 기독교의 전파를 알렉산드리아를 중심으로 살펴보기로 한다.

V.
기억의 소환:
이집트에 다시 오시다

CBS 창사 70주년 특별기획 '이집트로 간 예수' 2부, 다우드 대 신부님 인터뷰

아기 예수님 가족이 다녀가신 일이 이집트 사람들에게는 어떻게 기억되고 있었을까? 30여 년 후에 기억 속의 예수님 이야기가 이집트에 전해진다. 그 이야기 전달자들은 예루살렘에 방문했던 사람들이었다. 이들의 모습은 사도행전 2장에서 찾을 수 있다.

사도행전 2장 1~13절이 전하는 성령 강림의 현장을 재구성하면 다음과 같다. '오순절날에 갈릴리 사람들인 제자들이 한곳에 모여서 성령의 충만함을 받고 하나님의 큰 일을 말하는 것을 천하 각국에서 온 경건한 유대인들과 유대교에 들어온 사람들이 들었다'는 내용이다. 이 현장이 사도행전 1장에 기술된 다락방과 동일한 장소라고 확신할 수는 없지만[90] 여기에서 유래한 성령강림절은 성탄절, 부활절과 함께 기독교 3대 절기이고 '교회의 탄생기념일'이다. 이 일은 예수님의 승천 이후였을 것이니 어림잡아 그 시기는 주후 30년대 후반일 것이다. 그리고 이 당시 이집트에 사는 유대인들 중 다수는 알렉산드리아에 거주하고 있었다. 주후 1세기 알렉산드리아 인구의 1/3 정도가 유대인이었다 한다. 당시 알렉산드리아 전체 인구는 약 50만 명에서 100만 명으로 추정되어서 유대인 인구는 약 15만 명에서 30만 명 사이였을 것으로 보인다. 즉 알렉산드리아 유대인 공동체는 세계에서 가장 큰 디아스포라 공동체 중 하나였고 이 도시에서 주전 2세기에 70인역(Septuagint) 번역이 완성되었는데 그 번역의 종착 언어가 코이네 그리스어(Koine Greek)였다. 이 그리스어는 '공통의, 보편의, 일반적인'이라는 '코이네'가 붙은 것이 특징적이다. 지금도 그렇지만 언어는 그 사회의 권력과 가장 밀접하다는 점에서 상류층의 언어인지 대중의 언어인지에 따라 그 파급력과 권위에 현격한 차이가 있다. 그런 점에서 쉽고 편한 코이네 그리스어로 쓰인 성경은 알렉산드리아에 사는 유대인들에게

90) 마가의 다락방은 행 12:11-12에 나온다. 성령 강림 현장이 예루살렘 성전이라는 주장도 있다.

더 빨리 흡수될 수 있었을 것이다.

여기에 더해, 아기 예수님 가족의 방문으로 복음의 씨앗이 일찍 뿌려진 이집트는 예수님의 십자가 죽음과 부활 그리고 승천의 이야기를 이들 경건한 유대인들에게서 들었을 때 그 받아들이는 정도가 남달랐을 것이 틀림없다. 비록 아기 예수님 가족은 유대인들이 가장 많이 모여 살았던, 당시 가장 번성했던 알렉산드리아를 방문하지는 않았었지만[91] 그런 아기 예수님의 이집트 방문 이야기는 전해 들었을 가능성이 높다.

예수님에 대한 본격적인 이야기는 마가 요한이 알렉산드리아에 오면서 전파되었다. 그는 70인 제자 중 한 명이며 마가복음의 저자이다. 그의 신발을 수선하던 구두 수선공 아니아노스(Anianos)가 송곳에 찔리자 '아이고 하나님!' 하고 비명을 질렀다. 마가는 그 구두 수선공의 손가락을 치료하고 하나님이 어떤 분이신지를 알려 주었다. 아니아노스는 마가를 집으로 초대했고 그 자리에서 가족들과 함께 신앙을 고백하고 세례를 받았다. 그 후 많은 사람들이 예수님을 영접했고 아니아노스의 집은 신자들의 모임 장소가 되었다. 주후 62년 마가는 새 신자들을 방문하기 위해 펜타폴리스[92]로 떠났는데 그 직전에 아니아노스를 주교로 임명했다. 여기까지가 마가의 이집트 1차 선교였다.

베드로와 바울이 순교한 뒤 마가는 이집트로 돌아왔는데 그동안 이집

---

91) 혹자는 이집트로 피난 가신 아기 예수님 가족이 '당연히' 유대인이 제일 많이 모여 사는 알렉산드리아로 가셨을 것이라고 주장하지만 그에 대한 근거는 들은 바 없다.

92) 고대 이집트와 리비아 사이에 위치했던 5개의 도시(페르페르, 라이프, 헤르메스, 사이레네, 베르베)로, 이집트, 리비아 등을 포함해서 알렉산드리아 콥트 정교회의 관할 지역 중 하나이다.

트 교회가 크게 성장하였다. 마가는 세 명의 사제(priest)와 일곱 명의 보제(deacon)를 임명하여 아니아노스 주교를 돕도록 하였다.

마가는 이후 7년 동안 알렉산드리아에서 이교도들에게 잡신들을 거부하라는 설교를 하여 세라피스 등 잡신을 섬기는 사람들의 미움을 받았다. 당시 알렉산드리아로 대표되는 이집트는 이집트인뿐 아니라 그리스인, 유대인들이 주류를 형성하였고 소수의 로마인들이 살고 있었다. 당시 대표적인 혼합신은 세라피스로, 알렉산드리아의 대표적인 신이라고 할 정도였다.

이집트 알렉산드리아는 초기 기독교 역사에서 로마의 주요 도시 중 하나였다. 이 도시에는 알렉산드리아 도서관, 파로스 등대 등 많은 유적들이 있지만 여기서는 복음 전파와 관련된 유적들만을 찾아가 보겠다.

알렉산드리아 유적지들

㉒ 마가 교회

마가 요한은 주후 68년 부활절에도 성찬 예배를 집전하였는데 이교도들이 그 교회를 습격하여 마가를 밧줄로 묶어 길거리로 끌고 다녔다. 이 일로 마가 요한은 이틀 만에 순교하였다.

이렇게 뿌려진 순교의 피는 이집트를 기독교의 나라로 바꾸는 밀알이 되었고 마가를 당시 3대 교구[93] 중 하나였던 알렉산드리아의 초대 교황으로 삼게 되었다. 콥트 정교회 총대주교의 공식 직함은 '위대한 도시 알렉산드리아와 중동, 에티오피아, 누비아, 펜타폴리스의 교황이자 총대주교(Pope and Patriarch of the great city of Alexandria, the Middle East, Ethiopia, Nubia and the Pentapolis)'이다.

이런 역사를 가진 알렉산드리아는 초대 교회 주요 도시 중 하나였고 그 중심에 알렉산드리아 마가 교회가 있다. 이 교회 입구 상단에 보면 'PATRIARCAT, COPTE-ORTHODOXE(콥트 정교회 총대주교)'라는 글씨가 있어 그 역사를 웅변하고 있다. 마가 요한의 순교가 이천여 년 전이었지만 2017년 4월 9일 종려주일에도 이 교회는 순교의 현장이 되어야만 했다. 2017년 종려주일에 자살폭탄 조끼를 입은 사람이 교회 입구에서 제지당하자 그 자리에서 자폭하였다. 그 사건으로 7명의 경찰과 아이를 포함한 8명의 교인이 희생당했다.

---

93) 올해로 1700주년을 맞는 니케아 공의회(주후 325년)의 규범6에는 알렉산드리아 총대주교, 로마 총대주교, 안디옥 총대주교와 그 관할 지역을 언급하고 있을 뿐 콘스탄티노플과 예루살렘 지역에 대한 언급이 없다.

자살 폭탄 테러 두 달 전의 교회 입구(붉은 사각형 안이 테러 현장)

테러 희생자들을 추모하는 게시물들

이집트 기독교 즉 콥트 정교회의 순교 역사는 마가 요한의 순교를 시작으로 오늘날까지 지속되고 있다. 순교로 대표되는 콥트 정교회 이미지를 필자는 **'Relic'**이란 말로 표현하고 싶다. 필자는 콥트 교회마다 안치되어 있는 성인들의 유해 상자를 많이 봐 왔다. 이 유해 상자를 가리키는 표현이 무엇인지를 물었는데 콥트 사제는 'Relic'이라는 영어로 답했다. 한국어로 옮긴다면 '유해' 정도이겠지만 언어학자인 필자에게 그 단어 'Relic'의 의미는 좀 다르게 다가왔다. 역사 언어학에서 'relic'은 '언어적 섬'을 뜻한다. 특정한 언어 변화가 지역을 훑고 지나갈 때 그 변화를 겪지 않고 원래의 모습을 유지하고 있음을 뜻한다는 점에서 이집트 콥트 정교회의 역사를 대변하는 아주 적절한 표현이다.

마가 요한의 복음 전파 이후 기독교는 정말 불길처럼 이집트 전역을 휩쓸었다. 주후 313년 기독교가 공인을 받기 전 10대 박해로 대표되는 핍박은 콥트 순교자 달력의 기원이 되었다. 디오클레티아누스(Gaius Aurelius Valerius Diocletianus) 로마 황제는 이집트 기독교 박해의 대표적 인물이었고 그의 황제 즉위 연도인 주후 284년은 콥트 **순교자** 달력의 기원이 되어 오늘에 이르고 있다.

이런 콥트 기독교의 시련은 주후 313년 로마의 공인으로 그치는 듯했다. 이 공인 이후 콥트 정교회는 박해의 대상에서 벗어났다. 하지만 핍박 속에서 간직했던 영성은 기독교 공인 후 교회로 쏟아져 들어온 사람들로 인해서 희석되었다. 이런 현상은 사막으로 그 영성가들을 이끌었다. 이렇게 해서 이집트의 수도원주의는 탄생하게 되었다.

이집트는 주후 639년부터 642년 사이에 아무르 이븐 알아스(Amr ibn al-As)가 이끄는 아랍 군대에 정복당하면서 다시 정치적, 종교적 어려움에 처하게 되었다. 이렇게 찾아온 어려움은 단기간에 그치지 않고 1,400여 년이 지난 지금까지 진행되고 있다.

이러한 역사적 굴곡에서 보듯이 콥트 정교회는 종교적으로 **'외로운 섬(Relic)'**으로 남았다. 하지만 이러한 외로움은 역설적으로 1세기에 형성된 기독교 전통에 충실한 의전을 보전하고 있는 유일한 기독교가 되는 계기가 되기도 했다. 혹자는 콥트 기독교의 의례가 로마 가톨릭과 많이 닮았다고 생각한다. 하지만 이집트 수도원과 교회 등에 있는 유적들의 생성 연도에서 확인할 수 있는 것처럼 로마 가톨릭보다 최소 몇 세기는 빠른 기독교의 정통을 콥트 기독교가 갖고 있다.

▶ 이러한 역사적 배경을 염두에 두고 이집트 최초의 교회인 알렉산드리아 마가 교회부터 살펴보기로 한다. 마가 요한의 첫 신자였던 아니아노스의 집터에 세워진 마가 교회는 신분증을 확인하는 절차를 거쳐야 방문이 가능하다. 검색대에서 신분증과 가방 검사를 받고 교회 문을 통과하면 왼편으로 2017년 폭탄 테러 희생자들의 사진 액자들과 그 사연을 적은 대리석 판이 붙은 벽을 볼 수 있다. 이들 희생자들의 유해와 유품은 미나 수도원에 있다고 한다.

그 테러 현장에서 십여 미터를 가면 왼편 깊숙한 곳에 마가 요한이 사자와 같이 있는 모습의 동상이 새로 세워져 있다. 그 동상의 뒤편에는 마가 요한의 일대기가 그림으로 표현되어 있다.

마가 요한과 그의 상징인 사자

알렉산드리아 신학대학원 건물

그 동상의 오른편 건물은 지금은 카이로로 이전한 '알렉산드리아 신학대학원'이다. 이 건물은 삼위일체 등 초기 기독교 신학 형성에 가장 큰 영향력을 행사했던 세계에서 가장 오래된 '알렉산드리아 교리학교(Catechetical School of Alexandria)'를 연상시킨다. 이 교리학교는 아테네의 아테나고라스가 초대 교장이었으며 판타에노스, 알렉산드리아의 클레멘스, 오리게네스, 그레고리오스 타마투고스, 헤라클라스, 대 이오니시오스, 맹인 디디무스 등 당대 최고의 신학자들이 교장을 역임했다.

알렉산드리아 마가 교회는 콥트 교황이 주재하고 콥트 정교회를 대표하는 교회였는데 주후 10세기 카이로로 정치 중심이 옮겨 가면서 교황 역시 카이로로 그 자리를 옮겨 갔다. 지금은 카이로 압바시야에 있는 마가 교회가 주교좌 역할을 하고 있다.

알렉산드리아 마가 교회당에 들어서면 그 웅장함에 압도된다. 전면 성소 안에는 마가 요한과 알렉산드리아 첫 신자이자 첫 주교였던 아니아노스의 유해(Relic)가 보존되어 있다. 교회 내부의 오른편에는 마가 요한의 유해가 안치되었던 굴로 내려가는 문이 있고 계단을 내려 가면 마가 요한의 일대기를 벽면에 모자이크로 새겨 놓은 것을 볼 수 있다. 평소 이 문은 잠겨 있는데 교회 관리인에게 부탁하면 열어 준다.

마가 교회당 내부

마가 요한(상)과 이집트 첫 신자 아니아노스(하)의 유해

교회당 지하의 마가 무덤

알렉산드리아 마가 교회당 외관

교회당 내부에 가득 들이비친 서녘 햇살

▶ 마가 요한의 죽음과 관련이 있는 세라피스는 '폼페이 기둥'을 찾아 가면 그 흔적을 볼 수 있는데 마가 교회에서 차로 15분 정도 떨어져 있다.

㉓ 세라피움 신전(폼페이 기둥)

세라피스 신전과 폼페이 기둥(네모 안)

마가 요한의 죽음은 이 장소와 관련이 깊다. 이틀 동안 그를 끌고 다니다 죽인 사람들이 세라피스 신봉자들이기 때문이다.[94] 이곳은 알렉산드리아에서 세라피스 신을 모셨던 가장 큰 신전이라고 알려져 있다. 이런 신전의 규모에 비례해서 당시 세라피스를 추종했던 사람들도 많았을 것이고 마가 요한의 복음 전파는 그들에게 응징의 빌미가 되었을 것이다.

지금 이 장소에는 세라피움(Serapeum)이었음을 알리는 팻말 하나가 덩그러니 남아 있을 뿐 예전 신전의 위용은 아예 찾아 볼 수 없다. 성소가 있

94) http://www.copticcentre.com/the-coptic-orthodox-church/saint-mark-and-alexandria/ 참조. 혹자는 그 가해자가 세라피스트가 아니라고도 한다.

다는 안내판을 따라 지하에 가면 세라피스와 관련된 아피스 신상[95]이 있어서 겨우 이곳이 세라피스 신을 섬기던 신전이었음을 가늠할 수 있다.

아피스 신상(메트로폴리탄 미술관 소장, CC0)
세라피움 성소 내부의 아피스 신상과 그 모습이 비슷하다

지금 남아 있는 기둥은 로마 황제 디오클레티아누스(Diocletianus, 284~305년 재위)를 기리기 위해서 헌정했다고 한다.[96] 이 기둥을 통해서 디오클레티아누스는 알렉산드리아 수호신으로 묘사되었는데 이는 이집트 헬레니즘 습합신(習合神)[97] 세라피스(Serapis)와도[98] 관련이 있다. 이렇게

---

95) 정통한 이집트 가이드의 설명에 따르면 이곳에 있는 신상은 모조품이라고 한다. 진품은 알렉산드리아 국립 박물관에 보존되어 있다고 한다.

96) 오늘날 폼페이 기둥이라고 통칭하는 것은 사실 이 기둥과 아무런 관련이 없다. 폼페이는 주전 48년 이집트 동북부 펠루시움에서 살해당했기 때문에 이 기둥의 건립 시기(주후 298~302년)와 폼페이 장군 이름을 연결하는 것은 맞지 않는다.

97) '습합(syncretism)'은 '철학이나 종교 따위에서, 서로 다른 학설이나 교리를 절충함'이다.(표준국어대사전) 사찰에 있는 칠성각이나 산신각은 북두칠성과 산신을 모시는 한국 토착 신앙을 불교가 습합한 것이다. 일본 불교에서도 신불습합(神佛習合)이 특징이다.

98) 이 신의 이름은 오시리스와 황소 아피스를 하나의 신으로 숭배하는 이집트식 이름

추앙해 마지 않은 로마의 황제 디오클레티아누스는 역설적으로 이집트에서 기독교인을 가장 핍박했던 사람이었다. 얼마나 그 핍박이 심했던지 이집트 기독교인들은 콥트 정교회의 **순교자** 원년(元年)을 이 황제의 즉위 년도로 삼아서 지금도 콥트력으로 사용하고 있다. 이런 황제를 추앙하는 기둥(아마 그 기둥 머리에 디오클레티아누스 황제의 상이 있었을 것이다)이 이곳 세라피움에 서 있다는 것은 세라피스트들의 태도와도 일관된다.

폼페이 기둥

---

wsjr-ḥp에서 유래되었다. 이 이름은 나중에 콥트어로 ⲟⲩⲥⲉⲣϩⲁⲡⲓ Userhapi로 기록되었다.(출처: 위키피디아 'Serapis' 항목)

이 기둥은 이집트와 로마에서 볼 수 있는 일체형 기둥 중 26.85m로 가장 높다. 또한 스핑크스가 좌우에 배치되어 있는 것은 이집트의 전통을 포용하려는 그리스, 로마의 정치적인 입장을 잘 드러낸다.

마가 요한의 순교 이야기에 등장하는 세라피스 관련 유적을 좀 더 설명하기로 한다. 세라피스는 프톨레미 왕조 당시에 이집트 전통 종교 속 신인 오시리스와 아피스 그리고 그리스의 제우스와 디오니소스 신이 통합되어 탄생하였다. 세라피스는 태양신으로, 멤피스에서 처음 발견되었는데 신성한 황소 아피스였다. 이를 프톨레마이오스 1세 소테르(주전 305~284년 재위)가 이집트 통치의 목적으로 헬레니즘 요소를 지닌 습합신으로 재탄생시켰고 알렉산드리아로 옮겨 왔다 한다.

세라피스는 알렉산드리아로 오면서 치유와 다산의 신으로 그 이미지가 확장되었다. 고대 기록에 따르면 알렉산드리아에 가장 웅장한 세라피움(Serapeum) 신전이 만들어졌는데 여기에는 세라피스의 아내 이시스와 그 아들 하포크라테스(Harpocrates)가 포함된 알렉산드리아 삼신(Alexandrian Trinity)이 모셔졌다. 이처럼 습합신 세라피스를 열렬히 신봉하는 알렉산드리아 도시 분위기 속에서 마가 요한은 복음의 씨앗을 뿌렸던 것이다. 지금은 폼페이 기둥으로 대변되는 세라피스의 흔적을 보면서 마가 요한의 아프리카 복음 전파의 교두보였던 알렉산드리아에서 벌어졌을 종교적 갈등을 상상해 본다.

알렉산드리아 세라피움 출토 세라피스(© Vatican Museum, photo by Jastrow(2003). Public Domain)

2025년 11월 1일에 공식 개관식을 치른 이집트대박물관(Grand Egyptian Museum, GEM)의 Grand Staircase와 10번 전시실에서 이 세라피스 상들을 확인할 수 있다.[99] 물론 알렉산드리아 박물관에서도 세라피스 상을 볼 수 있다.

이런 갈등은 기독교 공인 이후인 주후 391년 알렉산드리아의 총대주교 테오필루스가 이교 사원들과 이 세라피움을 파괴하면서 막을 내렸다. 하지만 이집트 기독교는 이백여 년 후 또 다른 운명을 맞게 된다. 이슬람 문명과의 만남이 바로 그것이다.

---

99) 박물관 내에서의 정확한 위치를 확인해 주신 에즈딘 선생님께 감사드린다.

㉔ 카타콤베

카타콤베 전경

세라피스 신전을 나서면 얼마 떨어지지 않은 곳에서 로마 귀족의 무덤으로 알려진 카타콤베를 만난다. 마가 요한의 순교와 시기적으로 관련이 없겠지만 이 카타콤을 통해서 기독교인의 죽음에 대해 잠시 생각해 본다. 이곳은 우리가 흔히 들어왔던 바로 그 지하 무덤, 카타콤이다. 이곳은 수레를 끌던 당나귀가 구덩이에 빠지면서 발견되어서 1892년부터 발굴 작업이 진행된 끝에 세상에 공개되었다.

이 무덤은 1세기 말부터 4세기 전반까지 사용되었는데 폼페이 기둥에서 봤던 것처럼 이집트, 그리스, 로마의 예술이 결합된 디자인과 조각으로 장식된 가장 매혹적인 장례 건축물에 속한다.

무덤은 10m 깊이의 나선형 계단을 따라 내려가야 만날 수 있다. 이 계단 주변의 벽은 채광을 위해 구멍이 군데군데 뚫려 있고 이 원형 구조물의 중앙(A)은 시신을 내릴 수 있도록 되어 있다.

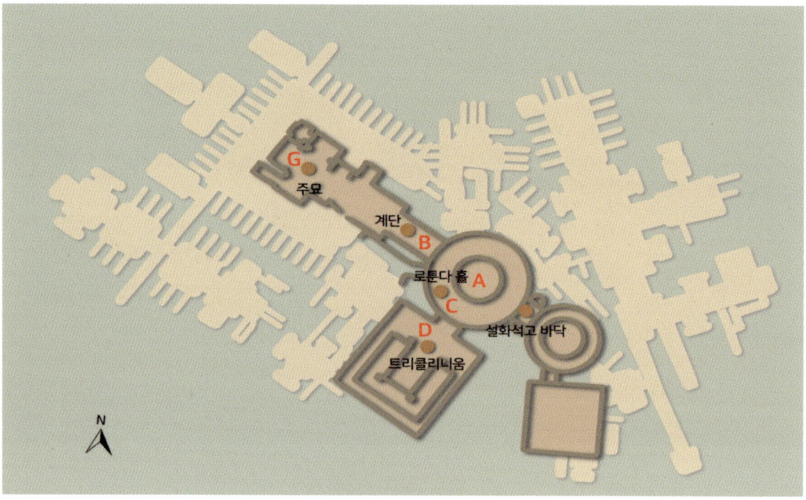

카타콤베 배치도

시신이 3층에서 1층으로 내려지면 통로(B)를 따라 주묘(G)로 수평 이동을 하게 된다. 이때 처음 만나는 장소가 원형의 로툰다 홀(Rotunda Hall, C)이다. 이 홀의 옆에는 유족들의 모임 장소인 트리클리니움(Triclinium, D)이 있다. 시신이 안치되는 주묘(G)는 이집트의 아누비스, 그리스 여신 아프로디테, 로마 여신 비너스 등이 벽에 새겨져 있다.

주묘를 'ㄷ' 자로 둘러싸고 있는 통로에는 수백의 무덤 자리가 나열되어 있다. 이 무덤들의 모습은 오늘날에도 동일한 구조로 사용되고 있는 것을 알렉산드리의 오래된 교회의 묘지에서 다시 볼 수 있었다. 그래도 우물처럼 그 모양을 한 이곳 A에서 올려다보면서 맞게 되는 강렬한 태양빛은 그 당시 기독교인들에게는 다시 오실 예수님을 떠오르게 하지 않았을까 하는 생각을 해 본다.

이렇게 예수님을 앙망하는 이집트 초대 기독교인들의 모습을 떠올리면서 아기 예수님의 이집트 피난으로 시작한 필자의 여정을 모두 마무리한다.

글을 마치며

그동안 아무런 생각 없이 마태복음 2장의 아기 예수님의 이집트 피난 내용을 읽었었다. 그런데 이집트 기독교인 하야트 여사를 만나면서 그 피난 여정에 대한 궁금증이 증폭되었다. 원래는 하야트 여사를 통해서 이집트 토착어 '콥트어'를 배우기만 할 생각이었다. 그런데 2019년 겨울 이집트 기독교인들의 순례 여행에 초대를 받아 다녀오고 나서 아기 예수님의 이집트 피난 여정은 필자에게 좀 더 구체적으로 다가왔다. 단편적으로 접했던 기독교 유적지들이 Holy Footsteps라는 여정을 통해서 하나의 이야기로 구성이 되기 시작한 것이다. 이 이야기가 생각보다 단순치 않고 읽어야 할 책들이 적지 않다는 것을 깨닫는 데는 그리 오랜 시간이 걸리지 않았다. 하지만 하야트 여사와 다른 신부님 등이 건네준 아기 예수님의 이집트 피난 여정에 대한 책자들을 본격적으로 읽을 수 있었던 것은 2022년 9월에 이집트 아인샴스 국립 대학 한국어학과에서 만 7년 근무를 마치고 한국으로 돌아온 뒤였다. 아기 예수님이 지나셨던 장소들을 하나씩 들여다볼 때마다 보충해서 읽어야 할 책들과 조사해 봐야 할 내용들은 점점 늘어났다.

처음 생각에는 아기 예수님이 다녀가셨던 장소들을 간단하게 알아보는 것이 목표였다. 그런데 그 장소들을 설명해 놓은 입문서조차 이해하는 것이 간단하지 않았다. 'After a theological dispute on the **incorruptibility** of the body of Christ'(Alberto Siliotti(2007:34)) 한 구절을 두고도 많은 시간을 고민하고 찾아봐야 했던 것은 그 대표적인 사례이다. 콥틱 문화와 교리를 전공했다는 분을 찾기도 어려워서 이 문장을 해석할 길이 막막하였다. 결국 초대 교회사와 관련된 신학 서적들을 스스로 찾아 읽을 수밖에 없었고 그런 서적 속에서 그 단어의 의미를 알게 되었을 때의 카타르시스는 필자를 이 여정에 더욱 빠져들게 했다.

그래도 이 책이 아기 예수님의 이집트 피난 여정을 비전공자가 기술했다는 한계를 벗어날 수는 없다. 영어권에서는 드물지 않은 주제이지만 필자가 과문한 탓으로 한국에서 아기 예수님의 이집트 피난 여정만을 오롯이 담은 책을 아직 찾아 보지 못했다. 그런 점에서 아직 부족하지만 이 책에 아기 예수님의 이집트 피난 여정을 본격적으로 소개하는 첫 책이라는 의미를 부여하고 싶다. 앞서 김흔중 목사님께서 저술한 『아기예수 "애굽" 피난경로 성지답사기행』(2020: 54~165쪽/전체 358쪽 중, 출판사 엘맨)은 1997년에 힘들게 답사한 내용을 2020년에 정리한 책으로 이 분야에서 선구적이다. 하지만 제목과 달리 아기 예수 애굽 피난경로는 그 책의 일부이고 그 기술 내용도 이 책과 많이 다르다는 점을 말하고 싶다.

필자가 7년 동안 이집트에 살고 있을 때 관련 장소들을 대부분 방문하고 사진 자료들을 모았다. 2022년 9월 임기를 마치고 한국에 돌아온 뒤에야 그 장소들을 설명한 각종 문헌들을 차분히 읽을 시간이 있었고 빠진 내용들을 보충하는 과정을 거쳤다. 그러면서 발견된 부족한 사진 자료와 정보들은 다시 이집트를 방문해서 해당 사진들과 자료들을 추가로 수집하기를 몇 차례 반복하면서 그 여정에 대한 내용을 구체화시켰다. 아직도 현장에 가서 더 확보하고 싶은 자료들이 있기는 하지만 한국의 독자들에게 이제는 소개할 만하다고 생각했다.

한국에서만 줄곧 신앙생활을 해 온 필자가 아기 예수님의 피난 이야기를 접하면서 차례로 주목하게 된 몇 가지 키워드를 정리해 보았다.

첫째 키워드는 **'침례'**였다. 남자아이는 생후 4개월, 여자아이는 생후 8개월이 지나면 침례를 받는다. 이를 준비하는 과정과 침례 그리고 그 후의 축하 등을 지켜보면서 새로이 침례와 세례의 의미를 생각해 보게 되었다. 가발 엣 타이르에서 봤던 침례 의식이 대표적이다.

두 번째 키워드는 **'예수님께서 이 땅에 오심(주현, 主顯)'**의 의미와 시기였다. 12월 25일이 크리스마스라는 생각은 육신의 탄생을 전제로 한다. 이런 생각은 오늘날의 문화가 전제되어 있다. 우리에게 '탄생'은 당연히 육신의 탄생이다. 그런 관점에서 예수님의 탄생에 대한 성경 구절을 찾아보면 매우 이상하다. 예수님의 출생 이야기는 누가복음 2장 1~21절과 마태복음 2장 1절 정도여서 출생 자체에 크게 의미를 두지 않는다는 인상을 받는다. 콥트 정교회 등 초기 기독교에서 '주님의 나타나심(주현, 主顯)'은 세례 요한에게서 세례를 받으실 때(마 3:16-17, 막 1:9-11, 눅 3:21-22)이다. 이러한 관점의 차이는 언어적으로도 설명이 가능하다. 헬라어가 개념적이고 추상적인 주님 나타나심을 세례 장면으로 보았다면 라틴어는 지시적이고 구체적인 주님 나타나심을 육신의 출생으로 생각한 것이어서 그 차이가 드러난다. 그래서 주후 4세기까지 주현절은 기독교에서 세례 요한에게서 세례 받은 때로 보았지만[100] 로마가 그 세력을 얻은 후로는 출산적 탄생일이라고 여기는 12월 25일을 기념하게 된 것이다.

---

100) 김정(2014:54), 주현절의 기원과 다양한 신학적 함축들, 신학논단 제75집, 연세대학교 신과대학(연합신학대학원)

세 번째 키워드는 **'세족 의식'**이다. 한국에서도 세족식은 종종 행해진다. 하지만 일 년에 세 차례 정기적인 기념 예배로 드리는 교회는 콥트 정교회가 유일하지 않을까 한다. 이집트의 수도원 등에 있는 초대 교회들에서는 '라칸(Laqqan)'이라는 세족 의식용 물그릇이 교회 바닥에 고정되어 있다는 점 역시 특이하고 다른 나라에서 찾아 볼 수 없다.

네 번째 키워드는 **'습합(習合)'**이다. 이집트는 문명의 발상지였고 대단한 문화와 전통을 자랑하였지만 주전 6세기부터 나라의 운명이 기울었다. 이집트를 정복한 지배 계급은 통치의 도구로 이집트 문화를 자신들의 문화와 절충하는 '습합'을 꾸준히 시도하였다. 이런 습합의 관점에서 아기 예수 피난 여정을 따라가 보면 좀 더 초대 교회의 실체를 이해하는 데 도움이 될 수 있다. 그 대표적인 사례로는 '세라피스'를 들 수 있다.

다섯 번째 키워드는 **'이단 논쟁'**이다. 우선적인 논쟁은 콥트 정교회가 칼케돈 공의회에서 단죄당한 단성론 이단이라는 점이다. 이런 논쟁은 필자가 논할 정도로 가벼운 내용이 아니기 때문에 전공자들에게 미룰 수밖에 없다. 하지만 마카리우스 수도원의 누리집에서 해명하는 내용은 매우 설득력이 있어서[101] 이들 콥트 정교회를 쉽게 단성론자라고 단정 지을 수 없다. 이 밖에도 초대 교회에서 매우 중요한 문제가 이단 논쟁이었음을 수도원과 교회들을 방문하면서 확인할 수 있었다. 그 대표적인 사례로는 비쇼이 수도원과 그 복제 수도원인 시리아 수도원의 관계를 들 수 있다.

이 책에 아직 담지 못한 내용이 많지만 그 핵심적인 내용은 거의 담아내

---

101) https://www.stmacariusmonastery.org/coptic-orthodox-church/?lang=en

지 않았나 싶다. 이집트 아기 예수 피난 여정 답사를 다닐 때 이 책을 통해서 독자들이 그동안 못 보았던 것들을 볼 수 있는 눈이 트인다면 이 책은 그 할 일을 다한다고 본다.

언어학에서 '모든 단어는 각자의 역사를 가지고 있다'[102]라는 말이 있다. 아기 예수님이 방문하신 각 장소에도 각자의 역사가 있다고 필자는 믿는다. 이러한 역사들이 한국의 독자들에게도 가까이 다가가기를 소망해 본다.

102) Bloomfield(1933), Language, The University of Chicago Press

아기 예수 피난 여정 소개 자료들

필자는 아래와 같이 아기 예수의 이집트 피난 여정을 한국에 알리는 노력을 하고 있다. 특히 2023년 8월에는 필자가 CBS 취재팀을 안내하여 아기 예수님의 피난 여정지들을 10여 일 동안 4K 영상으로 담는 데 기여하였다. 이 취재는 '더월드미션선교회(대표 정용비 목사님)'의 후원으로 진행되었다. 그 영상 자료를 토대로 CBS는 모두 다섯 편의 영상을 제작하였다. 2023년 '류지광의 교회 가는 길'에 '아기 예수 피난 여정, 이집트를 가다' 1부(10월 24일), 2부(11월 14일)로 첫 방송이 되었는데 필자의 유튜브 계정에서 다시 볼 수 있다. 2024년에는 CBS 창사 70주년 기념 특집 다큐멘터리 '이집트로 간 예수'가 2부로 방영되었다. 이 방송은 2024년 12월 제16회 한국기독언론대상 해외선교 부문 최우수상에 선정되었다. 또 2025년 5월에는 제58회 휴스턴국제영화제 단편 다큐멘터리(Shorts Documentary) 부문 백금상(Platinum)을 수상하는 쾌거를 이루었다. 2023년 8월의 땡볕 속에서 하루 열 시간이 넘는 촬영을 한 보람이 있었다. 많은 관심과 시청을 부탁드린다.

♣ '아기 예수님의 이집트 피난 여정 1부', 2023 생터 봄호 76쪽부터
https://online.fliphtml5.com/xbegs/rgjq/#p=1

♣ '아기 예수님의 이집트 피난 여정 2부', 2023 생터 여름호 35쪽부터
https://online.fliphtml5.com/xbegs/ecer/

♣ CBS 류지광의 교회가는 길 - 아기 예수 피난 여정, 이집트를 가다 1부

https://youtu.be/wgsk1DS1TO0?si=QM8eek-edWXfBP7V

♣ CBS 류지광의 교회가는 길 - 아기 예수 피난 여정, 이집트를 가다 2부

https://youtu.be/nH4ecJoI0Yg?si=879hq7UpAJCZsln5

♣ CBS 창사 70주년 기념 특집 다큐멘터리 '이집트로 간 예수' 1부(4K 영상)

https://youtu.be/yilD0ITULo4?si=i7j31y1e1caK58Ix

♣ CBS 창사 70주년 기념 특집 다큐멘터리 '이집트로 간 예수' 2부(4K 영상)

https://youtu.be/SL0qXzqypUA?si=GqYl2f82Bd5Tirp1

♣ 화곡중앙교회 수요 여름 특강 1부(20240814)

https://youtu.be/VS-XRLji1n0?si=PM-N9rfGyh6Jtjxy

♣ 화곡중앙교회 수요 여름 특강 2부(20240821)

https://youtu.be/nTp-yBDKZic?si=zOi67_rDBVX_mIS9

♣ 화곡중앙교회 수요 여름 특강 3부(20240828)

https://youtu.be/stJwMDoCxUg?si=GIjHFrf5hixooH92

각 장소 QR 코드

라파 -> 헬루시옹	헬루시옹 -> 바스타	바스타->모스토로드	모스토로드->빌베이스	빌베이스->사마누드
사마누드 -> 사카	사카 - 와디엘나트룬	마카리우스 수도원	바라무스 수도원	비쇼이 수도원
시리아 수도원	수도처-키릴루스 교황	나트룬-마타리아 나무	즈웨일라 교회	마리아나무-바빌론요새
바빌론 요새	예수 피난 교회	공중 교회	벤 에즈라 회당	콥틱 박물관
마아디 교회	마아디-멤피스	멤피스-가발엣타이르	엘오르 21순교자교회	가발엣타이르-헤르신전
멤피스-헤르모 신전	헤르모신전-무하라끄	무하라끄-드론카	드론카 -> 라파	

- 화곡중앙교회 특강들(2024년 9월)

화곡중앙교회특강-1 화곡중앙교회 특강-2 화곡중앙교회 특강-3

- QR용 링크들

1. 라파 ~ 펠루시움:

   https://maps.app.goo.gl/ppVKvhcPmyP3EzGq9

   라파 ~ 펠루시움: https://m.site.naver.com/1uGbx

2. 펠루시움 ~ 텔 바스타:

   https://maps.app.goo.gl/Ev17zMpHEvz35gzEA

   펠루시움 ~ 텔 바스타: https://m.site.naver.com/1uGdY

3. 텔 바스타 ~ 모스토로드:

   https://maps.app.goo.gl/NhcZ7aZXAreT6wnV9

   텔 바스타 ~ 모스토로드: https://m.site.naver.com/1uGfN

4. 모스토로드 ~ 빌베이스: https://m.site.naver.com/1uGhs
5. 빌베이스 ~ 사마누드: https://m.site.naver.com/1uGk4
6. 사마누드 ~ 사카: https://m.site.naver.com/1uGlz
7. 사카 ~ 와디 엘 나트룬: https://m.site.naver.com/1uGmX
8. 비쇼이 수도원: https://m.site.naver.com/1uGrE
9. 시리아 수도원: https://m.site.naver.com/1uGr7
10. 키릴루스 6세 수도처: https://m.site.naver.com/1uGqh
11. 바라무스 수도원: https://m.site.naver.com/1uGpb

12. 마카리우스 수도원: https://m.site.naver.com/1uGof

13. 나트룬 ~ 마타리야 마리아 나무: https://m.site.naver.com/1uGtf

14. 마리아 나무 ~ 바빌론 요새: https://m.site.naver.com/1uGuH

15. 바빌론 요새: https://m.site.naver.com/1uGyv

16. 벤 에즈라 회당: https://m.site.naver.com/1uGxt

17. 예수 피난 교회: https://m.site.naver.com/1uGwG

18. 공중 교회: https://m.site.naver.com/1uGvI

19. 즈웨일라 교회: https://m.site.naver.com/1uGDG

20. 마아디 교회: https://m.site.naver.com/1uGFQ

21. 마아디 ~ 멤피스: https://m.site.naver.com/1uGGW

22. 멤피스 ~ 헤르모폴리스 마그나: https://m.site.naver.com/1uGIE

23. 멤피스 ~ 가발 엣 타이르: https://m.site.naver.com/1uGL2

24. 가발 엣 타이르 ~ 리비아 순교자 교회:

    https://m.site.naver.com/1tL84

    엘오르 21리비아 순교자 교회:

    https://m.site.naver.com/1uGMv

25. 가발 엣 타이르 ~ 헤르모폴리스 신전:

    https://m.site.naver.com/1uGPL

26. 헤르모 신전 ~ 무하라끄 수도원: https://m.site.naver.com/1uGR4

27. 무하라끄 ~ 드론카 수도원: https://m.site.naver.com/1uGRF

28. 드론카 ~ 라파: https://m.site.naver.com/1uGTj

이미지 출처(Image Credits)

내용 (유적지·피사체)	위치	촬영자	촬영 연도	저작권/사용 조건
펠루시움 교회터	텔 엘 파라마, 포트사이드 주	정영인	2025	© 촬영자. 직접 촬영 및 재구성 삽화는 상업용 사용 가능.
바스테트 고양이 박물관 전경	부바스티스(텔 바스타), 이집트	정영인	2025	© 촬영자. 직접 촬영 및 재구성 삽화는 상업용 사용 가능.
세누스레트 1세 오벨리스크	헬리오폴리스, 카이로	정영인	2025	© 촬영자. 개인 촬영 사진으로 상업용 사용 가능.
미트 라히나 박물관(멤피스) 외부	기자 주, 이집트	정영인	2025	© 촬영자. 공공장소 촬영물로, 상업 출판 가능.
마타리아 마리아 나무	마타리아, 카이로	정영인	2025	© 촬영자. 공공장소 촬영물로, 상업 출판 가능.
바빌론 요새 성곽	올드 카이로	정영인	2025	© 촬영자. 공공장소 촬영물로, 상업 출판 가능.
벤 에즈라 유대교 회당	올드 카이로	정영인	2025	© 촬영자. 외부 사진은 상업 출판 가능.
헬리오폴리스 마그나 신전터	마타리아, 카이로	정영인	2025	© 촬영자. 유적지 야외 사진으로 상업 출판 가능.
폼페이 기둥과 세라피움 터	알렉산드리아	정영인	2025	© 촬영자. 야외 공공유적지 촬영물로 상업 출판 가능.
콤 엘 쇼카파 카타콤베 외부	알렉산드리아	정영인	2025	© 촬영자. 야외 공공유적지 촬영물로 상업 출판 가능.
각 수도원, 교회	이집트 전역	정영인	2025	© 촬영자. 콥트 정교회의 상업 출판 협조 얻음.